LAS CIEN MEJORES POESIAS LIRICAS DE LA LENGUA CASTELLANA

AF873600

M. Menéndez y Pelayo

LAS CIEN MEJORES POESIAS LIRICAS DE LA LENGUA CASTELLANA

COLECCION
Poesía

© Editores Mexicanos Unidos, S. A.
Miembro de la Cámara Nacional
de la Industria Editorial. Reg. No. 115

1a. edición diciembre de 1980

La presentación y composición tipográficas
son propiedad de los editores.

ISBN-968-15-0252-3

Impreso en México
Printed in Mexico

PREFACIO

Comprende este tomo cien poesías líricas escogidas entre lo mejor de la literatura española antigua y moderna, excluyendo los autores vivos. No se nos oculta la dificultad de esta selección en que tanta parte puede tener el gusto individual, ni presumimos tanto del nuestro que estemos seguros de haber logrado constantemente el acierto. Hemos procurado, sin embargo, no omitir ninguna de las poesías ya consagradas por la universal admiración, ni dar entrada a ninguna que no tenga a nuestros ojos mérito positivo, aunque no siempre llegue a la absoluta perfección formal. Hay en algunas de estas composiciones rasgos de mal gusto propios de una época o escuela determinada, pero hubiera sido temeridad borrarlos porque la integridad de los textos es la primera obligación que la crítica impone al colector de toda antología por diminuta y popular que sea.

Hemos prescindido de las poesías anteriores al siglo XV porque exigirían un comentario filológico inoportuno en la ocasión presente. Las pocas que insertamos del siglo XV son de belleza indudable y fácil lectura para todo el mundo. El mayor espacio de nuestra colección va dedicado naturalmente a la edad de oro de nuestra lírica (siglo XVI y principios del XVII). Se notarán en ella omisiones que nos duelen mucho, pero que eran inevitables dentro de los estrechos límites impuestos a nuestro plan: «spatiis exclusus iniquis». Nada hemos puesto de Castillejo, de Acuña, de Valbuena, de Jáuregui y otros preclaros ingenios, y hemos tenido que reducir a muy pocas muestras el tesoro poético de Góngora, de Lope de Vega y de Quevedo.

Nuestra tarea era relativamente fácil tratándose del siglo XVIII, el más prosaico de nuestra historia literaria, pero se tornaba dificilísima respecto de la opulenta producción poética del siglo XIX, que sin ser superior a la antigua como lo ha sido en Francia y en otras partes, ha continuado con nuevo espíritu la tradición de las formas líricas, las ha remozado a veces merced al impulso genial de los poetas y al contacto con extrañas literaturas, y ofrece buen número de obras ya sancionadas por el común aplauso. En esta parte más que en ninguna solicitamos y esperamos indulgencia.

Aunque se titulan «líricos» los poemas de esta colección, no ha de entenderse esta palabra en sentido tan riguroso que excluya algunas narraciones poéticas breves en que se entremezcla lo épico con lo lírico. Esta salvedad, que a todas las literaturas alcanza, tiene más propio su lugar en la castellana, que siempre ha conservado rastros de su origen épico. Por eso incluimos algunos romances antiguos, de los de tono más lírico, y un par de leyendas de los dos grandes poetas románticos Zorrilla y el Duque de Rivas.

El orden en que van colocadas las poesías no siempre es estrictamente cronológico, porque se ha atendido a la sucesión de escuelas y formas artísticas.

M. MENÉNDEZ Y PELAYO.

Marqués Santillana

1. *SERRANILLA*

Moça tan fermosa
Non vi en la frontera,
Como una vaquera
De la Finojosa.
Faciendo la vía
Del Calatraveño
A Sancta María,
Vencido del sueño
Por tierra fragosa
Perdí la carrera,
Do vi la vaquera
De la Finojosa.
En un verde prado
De rosas e flores,
Guardando ganado
Con otros pastores,
La vi tan graciosa
Que apenas creyera
Que fuese vaquera
De la Finojosa.
Non creo las rosas
De la primavera
Sean tan fermosas
Nin de tal manera,
Fablando sin glosa,
Si antes sopiera
D'aquella vaquera
De la Finojosa.
Non tanto mirara
Su mucha beldat,
Porque me dexara

En mi libertat.
Mas dixe: «Donosa
(Por saber quién era)
¿Dónde es la vaquera
De la Finojosa?...».
Bien como riendo,
Dixo: «Bien vengades;
Que ya bien entiendo
Lo que demandades:
Non es desseosa
De amar, nin lo espera,
Aquessa vaquera
De la Finojosa».

Jorge Manrique

2. *A LA MUERTE DEL MAESTRE DE SANTIAGO DON RODRIGO MANRIQUE, SU PADRE*

Recuerde el alma dormida,
Avive el seso y despierte
Contemplando
Cómo se pasa la vida,
Cómo se viene la muerte
Tan callando;
Cuán presto se va el placer,
Cómo después de acordado
Da dolor,
Cómo a nuestro parescer
Cualquiera tiempo pasado
Fue mejor.

Y pues vemos lo presente
Cómo en un punto s'es ido
E acabado,
Si juzgamos sabiamente,
Daremos lo non venido
Por pasado.
Non se engañe nadie, no,

Pensando que ha de durar
Lo que espera
Más que duró lo que vio,
Porque todo ha de pasar
Por tal manera.

Nuestras vidas son los ríos
Que van a dar en la mar,
Que es el morir;
Allí van los señoríos
Derechos a se acabar
E consumir;
Allí los ríos caudales,
Allí los otros medianos
E más chicos;
Allegados, son iguales
Los que viven por sus manos
E los ricos.

INVOCACIÓN

Dexo las invocaciones
De los famosos poetas
Y oradores;
Non curo de sus ficciones,
Que traen yerbas secretas
Sus sabores.
A aquél sólo me encomiendo,
Aquél sólo invoco yo
De verdad,
Que en este mundo viviendo,
El mundo non conoció
Su deidad.

Este mundo es el camino
Para el otro, qu'es morada
Sin pesar;
Mas cumple tener buen tino
Para andar esta jornada
Sin errar.
Partimos cuando nascemos,
Andamos mientras vivimos,
Y llegamos

Al tiempo que fenecemos;
Así que cuando morimos
Descansamos.

Este mundo bueno fue
Si bien usásemos d'él
Como debemos,
Porque, segund nuestra fe,
Es para ganar aquel
Que atendemos.
Y aún el Hijo de Dios,
Para sobirnos al cielo,
Descendió
A nascer acá entre nos.
Y a vivir en este suelo
Do murió.

Ved de cuán poco valor
Son las cosas tras que andamos
Y corremos;
Que en este mundo traidor
Aun primero que muramos
Las perdemos:
D'ellas deshace la edad,
D'ellas casos desastrados
Que acaescen,
D'ellas, por su calidad,
En los más altos estados
Desfallescen.

Decidme: la hermosura,
La gentil frescura y tez
De la cara,
La color e la blancura,
Cuando viene la vejez
¿Cuál se para?
Las mañas e ligereza
E la fuerça corporal
De juventud,
Todo se torna graveza
Cuando llega el arrabal

De senectud.

Pues la sangre de los godos,
El linaje e la nobleza
Tan crescida,
¡Por cuántas vías e modos
Se pierde su grand alteza
En esta vida!
¡Unos por poco valer,
Por cuán baxos e abatidos
Que los tienen!
¡Otros que por no tener,
Con oficios non debidos
Se mantienen!
Los estados e riqueza
Que nos dexan a deshora
¿Quién lo duda?
Non les pidamos firmeza
Pues que son d'una señora
Que se muda.
Que bienes son de fortuna
Que revuelve con su rueda
Presurosa,
La cual non puede ser una,
Ni ser estable ni queda
En una cosa.

Pero digo que acompañen
E lleguen hasta la huesa
Con su dueño;
Por eso non nos engañen,
Pues se va la vida apriesa
Como un sueño:
E los deleites d'acá
Son en que nos deleitamos
Temporales,
E los tormentos d'allá
Que por ellos esperamos,
Eternales.

Los placeres e dulçores

D'esta vida trabajada
Que tenemos,
¿Qué son sino corredores,
E la muerte la celada
En que caemos?
No mirando a nuestro daño
Corremos a rienda suelta
Sin parar;
Desque vemos el engaño
E queremos dar la vuelta
No hay lugar.

Si fuese en nuestro poder
Tornar la cara fermosa
Corporal,
Como podemos hacer
El alma tan gloriosa
Angelical,
¡Qué diligencia tan viva
Tuviéramos cada hora,
E tan presta,
En componer la cativa,
Dexándonos la señora
Descompuesta!

Esos reyes poderosos
Que vemos por escrituras
Ya pasadas,
Con casos tristes, llorosos,
Fueron sus buenas venturas
Trastornadas;
Así que no hay cosa fuerte;
Que a Papas y Emperadores
E Perlados
Así los trata la muerte
Como a los pobres pastores
De ganados.

Dexemos a los Troyanos,
Que sus males non los vimos,
Ni sus glorias;
Dexemos a los Romanos,

Aunque oímos o leímos
Sus hestorias.
Non curemos de saber
Lo d'aquel siglo pasado
Qué fue d'ello;
Vengamos a lo d'ayer,
Que también es olvidado
Como aquello.

¿Qué se hizo el Rey Don Joan?
Los Infantes de Aragón
¿Qué se hicieron?
¿Qué fue de tanto galán,
Que fue de tanta invención
Que truxeron?
Las justas e los torneos,
Paramentos, bordaduras
E cimeras,
¿Fueron sino devaneos?
¿Qué fueron sino verduras
De las eras?

¿Qué se hicieron las damas,
Sus tocados, sus vestidos,
Sus olores?
¿Qué se hicieron las llamas
De los fuegos encendidos
De amadores?
¿Qué se hizo aquel trovar,
Las músicas acordadas
Que tañían?
¿Qué se hizo aquel dançar
Aquellas ropas chapadas
Que traían?

Pues el otro su heredero,
Don Enrique ¡qué poderes
Alcançaba!
¡Cuán blando, cuán alagüeño
El mundo con sus placeres
Se le daba!
Mas verás cuán enemigo,

Cuán contrario, cuán crüel
Se le mostró,
Habiéndole sido amigo,
¡Cuán poco duró con él
Lo que le dio!

Las dádivas desmedidas,
Los edificios reales
Llenos d'oro
Las baxillas tan febridas,
Los enriques e reales
Del tesoro;
Los jaeces, los caballos
De su gente e atavíos
Tan sobrados,
¿Dónde iremos a buscallos?
¿Qué fueron sino rocíos
De los prados?

Pues su hermano el inocente,
Qu'en su vida sucesor
Se llamó,
¡Qué corte tan excellente
Tuvo e cuánto gran señor
Le siguió!
Mas como fuese mortal,
Metióle la muerte luego
En su fragua.
¡Oh jüicio divinal!
Cuando más ardía el fuego
Echaste agua.

Pues aquel gran Condestable
Maestre que conoscimos
Tan privado,
Non cumple que d'él se hable,
Sino sólo que le vimos
Degollado.
Sus infinitos tesoros,
Sus villas e sus lugares,
Su mandar,
¿Qué le fueron sino lloros?
¿Qué fueron sino pesares

Al dexar?

E los otros dos hermanos,
Maestres tan prosperados
Como reyes,
C'a los grandes e medianos
Traxeron tan sojuzgados
A sus leyes;
Aquella prosperidad
Que tan alta fue subida
Y ensalzada,
¿Qué fue sino claridad
Que cuando más encendida
Fue amatada?

Tantos Duques excellentes,
Tantos Marqueses e Condes
E Barones
Como vimos tan potentes,
Di, muerte, ¿dó los escondes
E traspones?
Y sus muy claras hazañas
Que hicieron en las guerras
Y en las paces,
Cuando tú, cruda, t'ensañas,
Con tu fuerza los atierras
E desfaces.

Las huestes innumerables,
Los pendones, estandartes
E banderas,
Los castillos impugnables,
Los muros e balüartes
E barreras,
La cava honda chapada,
O cualquier otro reparo
¿Qué aprovecha?
Cuando tú vienes airada
Todo lo pasas de claro
Con tu flecha.

Aquel de buenos abrigo,
Amado por virtüoso

De la gente,
El Maestre Don Rodrigo
Manrique, tanto famoso
E tan valiente,
Sus grandes hechos e claros
Non cumple que los alabe,
Pues los vieron,
Ni los quiero hacer caros,
Pues qu'el mundo todo sabe
Cuáles fueron.

¡Qué amigo de sus amigos!
¡Qué señor para criados
E parientes!
¡Qué enemigo d'enemigos!
¡Qué Maestre de esforçados
E valientes!
¡Qué seso para discretos!
¡Qué gracia para donosos!
¡Qué razón!
¡Cuán benigno a los subjetos!
¡A los bravos e dañosos
Qué león!
En ventura Octaviano;
Julio César en vencer
E batallar;
En la virtud, Africano;
Aníbal en el saber
E trabajar:
En la bondad un Trajano;
Tito en liberalidad
Con alegría;
En su brazo, un Aureliano;
Marco Tulio en la verdad
Que prometía.

Antonio Pío en clemencia;
Marco Aurelio en igualdad
Del semblante:
Adriano en la elocuencia;
Teodosio en humanidad
E buen talante.

Aurelio Alexandre fue
En disciplina e rigor
De la guerra;
Un Constantino en la fe;
Camilo en el grand amor
De su tierra.

Non dexó grandes tesoros,
Ni alcanzó muchas riquezas
Ni baxillas,
Mas fizo guerra a los moros,
Ganando sus fortalezas
E sus villas;
Y en las lides que venció
Caballeros y caballos
Se prendieron,
Y en este oficio ganó
Las rentas e los vasallos
Que le dieron.

Pues por su honra y estado
En otros tiempos pasados
¿Cómo se hubo?
Quedando desamparado,
Con hermanos e criados
Se sostuvo.
Después que fechos famosos
Hizo en esta dicha guerra
Que hacía,
Hizo tratos tan honrosos,
Que le dieron muy más tierra
Que tenía.

Estas sus viejas hestorias
Que con su brazo pintó
En juventud,
Con otras nuevas victorias
Agora las renovó
En senectud.
Por su grand habilidad,
Por méritos e ancianía
Bien gastada

Alcançó la dignidad
De la gran caballería
Del Espada.

E sus villas e sus tierras
Ocupadas de tiranos
Las halló,
Mas por cercos e por guerras
E por fuerça de sus manos
Las cobró.
Pues nuestro Rey natural,
Si de las obras que obró
Fue servido,
Dígalo el de Portugal,
Y en Castilla quién siguió
Su partido.

Después de puesta la vida
Tantas veces por su ley
Al tablero;
Después de tan bien servida
La corona de su Rey
Verdadero;
Después de tanta hazaña
A que non puede bastar
Cuenta cierta,
En la su villa d'Ocaña
Vino la muerte a llamar
A su puerta.

(HABLA LA MUERTE)

Diciendo: «Buen caballero,
Dexad el mundo engañoso
E su halago;
Vuestro coraçon de acero
Muestre su esfuerzo famoso
En este trago;
E pues de vida e salud
Fecistes tan poca cuenta
Por la fama,
Esfuércese la virtud
Para sofrir esta afrenta

Que vos llama.

»No se os haga tan amarga
La batalla temerosa
Qu'esperáis,
Pues otra vida más larga
De fama tan gloriosa
Acá dexáis:
Aunque esta vida d'honor
Tampoco no es eternal
Ni verdadera,
Mas con todo es muy mejor
Que la otra temporal
Perecedera.

»El vivir qu'es perdurable
Non se gana con estados
Mundanales,
Ni con vida delectable
En que moran los pecados
Infernales;
Mas los buenos religiosos
Gánanlo con oraciones
E con lloros;
Los caballeros famosos
Con trabajos e aflicciones
Contra moros.

»E pues vos, claro varón
Tanta sangre derramasteis
De paganos,
Esperad el galardón
Que en este mundo ganasteis
Por las manos;
E con esta confiança
E con la fe tan entera
Que tenéis,
Partid con buena esperança
Qu'estotra vida tercera
Ganaréis.»

(RESPONDE EL MAESTRE)

«Non gastemos tiempo ya

En esta vida mezquina
Por tal modo,
Que mi voluntad está
Conforme con la divina
Para todo;
E consiento en mi morir
Con voluntad placentera,
Clara e pura,
Que querer hombre vivir
Cuando Dios quiere que muera
Es locura.»

ORACIÓN

Tú que por nuestra maldad
Tomaste forma servil
E baxo nombre;
Tú que en tu divinidad
Juntaste cosa tan vil
Como el hombre;
Tú que tan grandes tormentos
Sofriste sin resistencia
En tu persona,
Non por mis merescimientos
Mas por tu sola clemencia
Me perdona.

CABO

Así con tal entender
Todos sentidos humanos
Conservados,
Cercado de su mujer,
E de sus hijos e hermanos
E criados,
Dio el alma a quien se la dio,
(El cual la ponga en el cielo
Y en su gloria),
Que aunque la vida perdió,
Nos dexó harto consuelo
Su memoria.

Romances viejos

3. *ROMANCE DE ABENAMAR*

—¡Abenámar, Abenámar,
moro de la morería,
el día que tú naciste
grandes señales había!
Estaba la mar en calma,
la luna estaba crecida:
moro que en tal signo nace,
no debe decir mentira.—
Allí respondiera el moro,
bien oiréis lo que decía:
—Yo te la diré, señor,
aunque me cueste la vida
porque soy hijo de un moro
y una cristiana cautiva;
siendo yo niño y muchacho
mi madre me lo decía:
que mentira no dijese,
que era grande villanía;
por tanto pregunta, rey,
que la verdad te diría.
—Yo te agradezco, Abenámar
aquesa tu cortesía.
¿Qué castillos son aquéllos?
¡Altos son y relucían!
—El Alhambra era, señor,
y la otra la mezquita;
los otros los Alixares,
labrados a maravilla.
El moro que los labraba
cien doblas ganaba al día
y el día que no los labra
otras tantas se perdía.
El otro es Generalife,
huerta que par no tenía;
el otro Torres Bermejas,
castillo de gran valía.—
Allí habló el rey don Juan,

bien oiréis lo que decía:
—Si tú quisieses, Granada,
contigo me casaría;
daréte en arras y dote
a Córdoba y a Sevilla.
—Casada soy, rey don Juan,
casada soy, que no viuda;
el moro que a mí me tiene
muy grande bien me quería.

4. *ROMANCE DEL REY MORO QUE PERDIO ALHAMA*

Paseábase el rey moro
por la ciudad de Granada,
desde la puerta de Elvira
hasta la de Vivarrambla.
«¡Ay de mi Alhama!»
Cartas le fueron venidas
que Alhama era ganada:
las cartas echó en el fuego,
y al mensajero matara.
«¡Ay de mi Alhama!»
Descabalga de una mula,
y en un caballo cabalga;
por el Zacatín arriba
subido se había al Alhambra
«¡Ay de mi Alhama!»
Como en el Alhambra estuvo,
al mismo punto mandaba
que se toquen sus trompetas,
sus añafiles de plata.
«¡Ay de mi Alhama!»
Y que las cajas de guerra
apriesa toquen al arma,
porque lo oigan sus moros,
los de la Vega y Granada.
«¡Ay de mi Alhama!»
Los moros que el son oyeron
que al sangriento Marte llama,
uno a uno y dos a dos
juntado se ha gran batalla.

«¡Ay de mi Alhama!»
Allí habló un moro viejo,
de esta manera hablara:
—¿Para qué nos llamas, rey,
para qué es esta llamada?—
«¡Ay de mi Alhama!»
—Habéis de saber, amigos,
una nueva desdichada:
que cristianos de braveza
ya nos han ganado Alhama.
«¡Ay de mi Alhama!»
Allí habló un alfaquí
de barba crecida y cana:
—¡Bien se te emplea, buen rey,
buen rey, bien se te empleara!
«¡Ay de mi Alhama!»
Mataste los Bencerrajes,
qu'eran la flor de Granada;
cogiste los tornadizos
de Córdoba la nombrada.
«¡Ay de mi Alhama!»
Por eso mereces, rey,
una pena muy doblada:
que te pierdas tú el reino,
y aquí se pierda Granada.—
«¡Ay de mi Alhama!»

5. *ROMANCE DE ROSA FRESCA*

—Rosa fresca, rosa fresca
tan garrida y con amor,
cuando vos tuve en mis brazos,
no vos supe servir, no;
y agora que os serviría
no vos puedo haber, no.
—Vuestra fue la culpa, amigo,
vuestra fue, que mía no;
enviátesme una carta
con un vuestro servidor,
y en lugar de recaudar
él dijera otra razón:
que érades casado, amigo

allá en tierras de León;
que tenéis mujer hermosa
y hijos como una flor.
—Quien os lo dijo, señora,
no vos dijo verdad, no;
que yo nunca entré en Castilla
ni allá en tierras de León,
sino cuando era pequeño,
que no sabía de amor.

6. *ROMANCE DE FONTE-FRIDA*

Fonte-frida, Fonte-frida,
Fonte-frida y con amor,
do todas las avecicas
van tomar consolación,
sino es la tortolica
que está viuda y con dolor
Por allí fuera a pasar
el traidor de ruiseñor:
las palabras que le dice
llenas son de traïción:
—Si tú quisieses, señora,
yo sería tu servidor.
—Vete de ahí, enemigo,
malo, falso, engañador,
que ni poso en ramo verde,
ni en prado que tenga flor;
que si el agua hallo clara,
turbia la bebía yo;
que no quiero haber marido,
porque hijos no haya, no:
no quiero placer con ellos,
ni menos consolación.
¡Déjame, triste enemigo,
malo, falso, mal traidor,
que no quiero ser tu amiga,
ni casar contigo, no.

7. *ROMANCE DE BLANCA-NIÑA*

Blanca sois, señora mía,

más que no el rayo de sol;
¿si la dormiré esta noche
desarmado y sin pavor?
que siete años había, siete,
que no me desarmo, no.
Más negras tengo mis carnes
que un tiznado carbón.
—Dormilda, señor, dormilda,
desarmado sin temor,
que el conde es ido a la caza
a los montes de León.
—Rabia le mate los perros,
y águilas el su halcón,
y del monte hasta su casa
a él le arrastre el morón.—
Ellos en aquesto estando
su marido que llegó:
—¿Qué hacéis, la Blanca-niña,
hija de padre traidor?
—Señor, peino mis cabellos,
péinolos con gran dolor,
que me dejéis a mi sola
y a los montes os vais vos.
—Esa palabra, la niña,
no era sino traición:
¿cúyo es aquel caballo
que allá bajo relinchó?
Señor, era de mi padre,
y envióslo para vos.
—¿Cúyas son aquellas armas
que están en el corredor?
—Señor, eran de mi hermano,
y hoy os las envió.
—¿Cúya es aquella lanza,
desde aquí la veo yo?
—Tomalda, conde, tomalda,
matadme con ella vos,
que aquesta muerte, buen conde,
bien os la merezco yo.

8. *ROMANCE DEL CONDE ARNALDOS*

¡Quién hubiese tal ventura

sobre las aguas del mar,
como hubo el conde Arnaldos
la mañana de San Juan!
Con un falcón en la mano
la caza iba a cazar,
vio venir una galera
que a tierra quiere llegar.
Las velas traía de seda,
la ejercía de un cendal
marinero que la manda
diciendo viene un cantar
que la mar ponía en calma,
los vientos hace amainar,
los peces que andan nel hondo
arriba los hace andar,
las aves que andan volando
nal mástil la faz posar.
—Galera, la mi galera,
Dios te me guarde de mal.
De los peligros del mundo
sobre aguas de la mar,
de las fustas de los moros,
que andaban a saltear—.
Allí habló el conde Arnaldos,
bien oiréis lo que dirá:
—Por Dios te ruego, marinero,
dígasme ora ese cantar.—
Respondióle el marinero,
tal respuesta le fue a dar:
—Yo no digo esta canción
sino a quien conmigo va.

9. *ROMANCE DE LA HIJA DEL REY DE FRANCIA*

De Francia partió la niña,
de Francia la bien guarnida;
íbase para París,
do padre y madre tenía.
Errado lleva el camino,
errada lleva la guía:
arrimárase a un roble

por esperar compañía.
Vio venir un caballero
que a París lleva la guía.
La niña desque lo vido
de esta suerte le decía:
—Si te place, caballero,
llévesme en tu compañía.
—Pláceme, dijo, señora,
pláceme, dijo, mi vida.—
Apeóse del caballo
por hacelle cortesía;
puso la niña en las ancas
y él subiérase en la silla.
En medio él del camino
de amores la requería.
La niña desque lo oyera
díjole con osadía:
—Tate, tate, caballero,
no hagáis tal villanía:
hija soy de un malato
y de una malatía;
el hombre que a mí llegase
malato se tornaría.—
El caballero con temor
palabra no respondía.
A la entrada de París
la niña se sonreía.
—¿De qué vos, reís, señora?
¿de qué vos reís, mi vida?
—Ríome del caballero,
y de su gran cobardía,
¡tener la niña en el campo
y catarle cortesía!—
Caballero con vergüenza
estas palabras decía:
—Vuelta, vuelta, mi señora,
que una cosa se me olvida.—
La niña como discreta
dijo: —Yo no volvería,
ni persona, aunque volviese,
en mi cuerpo tocaría;
hija soy del rey de Francia

y de la reina Constantina,
el hombre que a mí llegase
muy caro le costaría.

10. *ROMANCE DE DOÑA ALDA*

En París está doña Alda
la esposa de don Roldán,
trescientas damas con ella
para bien la acompañar:
todas visten un vestido,
todas calzan un calzar,
todas comen a una mesa,
todas comían de un pan,
sino era sola doña Alda,
que era la mayoral.
Las ciento hilaban oro,
las ciento tejen cendal,
las ciento instrumentos tañen,
para doña Alda holgar.
Al son de los instrumentos
doña Alda adormido se ha:
ensoñado había un sueño,
un sueño de gran pesar.
Recordó despavorida
y con gran pavor muy grand,
los gritos daba tan grandes
que se oían en la ciudad.
Allí hablaron sus doncellas,
bien oiréis lo que dirán:
—¿Qué es aquesto, mi señora?
¿quién es el que os hizo mal?
—Un sueño soñé, doncellas,
que me ha dado gran pesar;
que me veía en un monte
en un desierto lugar:
de so los montes muy altos
un azor vide volar,
tras dél viene una aguililla
que lo ahínca muy mal,
El azor con grande cuita

metióse so mi brial;
el águila con grande ira
de allí lo iba a sacar;
con las uñas lo despluma,
con el pico lo deshaz.—
Allí habló su camarera,
bien oiréis lo que dirá:
—Aquese sueño, señora,
bien os lo entiendo soltar;
el azor es vuestro esposo,
que viene de allen la mar;
el águila sedes vos,
con la cual ha de casar,
y aquel monte es la iglesia
donde os han de velar.
—Si así es, mi camarera,
bien te lo entiendo pagar.—
Otro día de mañana
cartas de fuera le traen;
tintas venían de dentro,
de fuera escritas con sangre,
que su Roldán era muerto
en la caza de Roncesvalles.

Garcilaso de la Vega

11. *EGLOGA PRIMERA*

A Don Pedro de Toledo, marqués de Villafranca, virrey de Nápoles

SALICIO, NEMOROSO

El dulce lamentar de dos pastores,
Salicio juntamente y Nemoroso,
He de contar, sus quejas imitando;
Cuyas ovejas al cantar sabroso
Estaban muy atentas, los amores,
De pacer olvidadas, escuchando.
Tú, que ganaste obrando
Un nombre en todo el mundo,
Y un grado sin segundo,

Ahora estés atento, solo y dado
Al ínclito gobierno del estado
Albano; ahora vuelto a la otra parte,
Resplandeciente, armado,
Representando en tierra el fiero Marte.

Ahora de cuidados enojosos
Y de negocios libre, por ventura
Andes a caza, el monte fatigando
En ardiente jinete, que apresura
El curso tras los ciervos temerosos,
Que en vano su morir van dilatando;
Espera, que en tornando
A ser restituido
Al ocio ya perdido,
Luego verás ejercitar mi pluma
Por la infinita innumerable suma
De tus virtudes y famosas obras;
Antes que me consuma,
Faltando a ti, que a todo el mundo sobras.
En tanto que este tiempo que adivino
Viene a sacarme de la deuda un día,
Que se debe a tu fama y a tu gloria;
Que es deuda general, no sólo mía,
Mas de cualquier ingenio peregrino
Que celebra lo digno de memoria;
El árbol de victoria
Que ciñe estrechamente
Tu gloriosa frente
Dé lugar a la hiedra que se planta
Debajo de tu sombra, y se levanta
Poco a poco, arrimada a tus loores;
Y en cuanto esto se canta,
Escucha tú el cantar de mis pastores.

Saliendo de las ondas encendido,
Rayaba de los montes el altura
El sol, cuando Salicio, recostado
Al pie de una alta haya, en la verdura,
Por donde un agua clara con sonido
Atravesaba el fresco y verde prado;
Él con canto acordado
Al rumor que sonaba

Del agua que pasaba,
Se quejaba tan dulce y blandamente
Como si no estuviera de allí ausente
La que de su dolor culpa tenía;
Y así, como presente,
Razonando con ella, le decía:

SALICIO

—¡Oh más dura que mármol a mis quejas,
Y al encendido fuego en que me quemo
Más helada que nieve, Galatea!
Estoy muriendo, y aun la vida temo;
Témola con razón, pues tú me dejas;
Que no hay, sin ti, el vivir para qué sea.
Vergüenza he que me vea
Ninguno en tal estado,
De ti desesperado,
Y de mí mismo yo me corro ahora.
¿De un alma te desdeñas ser señora,
Donde siempre moraste, no pudiendo
Della salir un hora?
Salid sin duelo, lágrimas, corriendo.
El sol tiende los rayos de su lumbre
Por montes y por valles, despertando
Las aves y animales y la gente;
Cuál por el aire claro va volando,
Cuál por el verde valle o alta cumbre
Paciendo va segura y libremente,
Cuál con el sol presente
Va de nuevo al oficio,
Y al usado ejercicio
Do su natura o menester le inclina.
Siempre está en llanto esta ánima mezquina
Cuando la sombra el mundo va cubriendo
O la luz se avecina.
Salid sin duelo, lágrimas, corriendo
¿Y tú, desta mi vida ya olvidada,
Sin mostrar un pequeño sentimiento
De que por ti Salicio triste muera,
Dejas llevar, desconocida, al viento
El amor y la fe que ser guardada
Eternamente sólo a mí debiera?

¡Oh Dios! ¿Por qué siquiera,
Pues ves desde tu altura
Esta falsa perjura
Causar la muerte de un estrecho amigo,
No recibe del cielo algún castigo?
Si en pago del amor yo estoy muriendo,
¿Qué hará el enemigo?
Salid sin duelo, lágrimas, corriendo.
Por ti el silencio de la selva umbrosa,
Por ti la esquividad y apartamiento
Del solitario monte me agradaba;
Por ti la verde yerba, el fresco viento,
El blanco lirio y la colorada rosa
Y dulce primavera deseaba.
¡Ay, cuánto me engañaba!
¡Ay, cuán diferente era
Y cuán de otra manera
Lo que en tu falso pecho se escondía!
Bien claro con su voz me lo decía
La siniestra corneja, repitiendo
La desventura mía.
Salid sin duelo, lágrimas, corriendo.
¡Cuántas veces, durmiendo en la floresta,
Reputándolo yo por desvarío,
Vi mi mal entre sueños, desdichado!
Soñaba que en el tiempo del estío
Llevaba, por pasar allí la siesta,
A beber en el Tajo mi ganado;
Y después de llegado,
Sin saber de cuál arte,
Por desusada parte
Y por nuevo camino el agua se iba;
Ardiendo yo con la calor estiva,
El curso enajenado iba siguiendo
Del agua fugitiva.
Salid sin duelo, lágrimas, corriendo.
Tu dulce habla ¿en cúya oreja suena?
Tus claros ojos ¿a quién los volviste?
¿Por quién tan sin respeto me trocaste?
Tu quebrantada fe ¿dó la pusiste?
¿Cuál es el cuello que como en cadena
De tus hermosos brazos anudaste?

No hay corazón que baste,
Aunque fuese de piedra,
Viendo mi amada hiedra,
De mí arrancada, en otro muro asida,
Y mi parra en otro olmo entretejida,
Que no se esté con llanto deshaciendo
Hasta acabar la vida.
Salid sin duelo, lágrimas, corriendo.
¿Qué no se esperará de aquí adelante,
Por difícil que sea y por incierto?
O ¿qué discordia no será juntada?
Y juntamente ¿qué tendrá por cierto,
O ¿qué de hoy más no tendrá el amante,
Siendo a todo materia por ti dada?
Cuando tú enajenada
De mí, cuitado, fuiste,
Notable causa diste
Y ejemplo a todos cuantos cubre el cielo,
Que el más seguro tema con recelo
Perder lo que estuviere poseyendo.
Salid fuera sin duelo,
Salid sin duelo, lágrimas, corriendo.
Materia diste al mundo de esperanza
De alcanzar lo imposible y no pensado,
Y de hacer juntar lo diferente,
Dando a quien diste el corazón malvado,
Quitándolo de mí con tal mudanza
Que siempre sonará de gente en gente.
La cordera paciente
Con el lobo hambrïento,
Hará su ayuntamiento,
Y con las simples aves sin ruido
Harán las bravas sierpes ya su nido;
Que mayor diferencia comprehendo
De ti al que has escogido.
Salid sin duelo, lágrimas, corriendo.
Siempre de nueva leche en el verano
Y en el invierno abundo; en mi majada
La manteca y el queso está sobrado;
De mi cantar pues yo te vi agradada,
Tanto, que no pudiera el mantüano
Títiro ser de ti más alabado.
No soy pues, bien mirado,

Tan disforme ni feo;
Que aun ahora me veo
En esta agua que corre clara y pura,
Y cierto no trocara mi figura
Con ése que de mí se está riendo;
Trocara mi ventura.
Salid sin duelo, lágrimas, corriendo.
¿Cómo te vine en tanto menosprecio?
¿Cómo te fui tan presto aborrecible?
¿Cómo te faltó en mí el conocimiento?
Si no tuvieras condición terrible,
Siempre fuera tenido de ti en precio,
Y no viera de ti este apartamiento.
¿No sabes que sin cuento
Buscan en el estío
Mis ovejas el frío
De la sierra de Cuenca, y el gobierno
Del abrigado Extremo en el invierno?
Mas ¡qué vale el tener, si derritiendo
Me estoy en llanto eterno!
Salid sin duelo, lágrimas, corriendo.
Con mi llorar las piedras enternecen
Su natural dureza y la quebrantan,
Los árboles parece que se inclinan,
Las aves que me escuchan, cuando cantan,
Con diferente voz se condolecen,
Y mi morir cantando me adivinan.
Las fieras que reclinan
Su cuerpo fatigado,
Dejan el sosegado
Sueño por escuchar mi llanto triste.
Tú sola contra mí te endureciste,
Los ojos aun siquiera no volviendo
A lo que tú hiciste.
Salid sin duelo, lágrimas, corriendo.
Mas ya que a socorrer aquí no vienes,
No dejes el lugar que tanto amaste;
Que bien podrás venir de mí segura;
Yo dejaré el lugar do me dejaste;
Ven, si por sólo esto te detienes.
Ves aquí un prado lleno de verdura,
Ves aquí una espesura,

Ves aquí una agua clara,
En otro tiempo cara,
A quien de ti con lágrimas me quejo.
Quizá aquí hallarás, pues yo me alejo,
Al que todo mi bien quitarme puede;
Que pues el bien le dejo,
No es mucho que lugar también le quede.—
  Aquí dio fin a su cantar Salicio,
Y suspirando en el postrero acento,
Soltó de llanto una profunda vena.
Queriendo el monte al grave sentimiento
De aquel dolor en algo ser propicio,
Con la pesada voz retumba y suena.
La blanca Filomena,
Casi como dolida
Y a compasión movida,
Dulcemente responde al son lloroso.
Lo que cantó tras esto Nemoroso
Decidlo vos, Pïérides; que tanto
No puedo yo ni oso,
Que siento enflaquecer mi débil canto.

NEMOROSO

  —Corrientes aguas, puras cristalinas;
Arboles que os estáis mirando en ellas,
Verde prado de fresca sombra lleno,
Aves que aquí sembráis vuestras querellas,
Hiedra que por los árboles caminas,
Torciendo el paso por su verde seno;
Yo me vi tan ajeno
Del grave mal que siento,
Que de puro contento
Con vuestra soledad me recreaba,
Donde con dulce sueño reposaba,
O con el pensamiento discurría
Por donde no hallaba
Sino memorias llenas de alegría.
  Y en este mismo valle, donde ahora
Me entristezco y canso, en el reposo
Estuve ya contento y descansado.
¡Oh bien caduco, vano y presuroso!
Acuérdome durmiendo aquí algún hora,

Que despertando, a Elisa vi a mi lado.
¡Oh miserable hado!
¡Oh tela delicada
Antes de tiempo dada
A los agudos filos de la muerte!
Más convenible [fuera aquesta] suerte
A los cansados años de mi vida,
Que es más que el hierro fuerte,
Pues no la ha quebrantado tu partida.
¿Do están ahora aquellos claros ojos
Que llevaban tras sí como colgada
Mi alma do quier que ellos se volvían?
¿Dó está la blanca mano delicada,
Llena de vencimientos y despojos
Que de mí mis sentidos le ofrecían?
Los cabellos que vían
Con gran desprecio el oro,
Como a menor tesoro.
¿Adónde están? ¿Adónde el blanco pecho?
¿Dó la columna que el dorado techo
Con presunción graciosa sostenía?
Aquesto todo ahora ya se encierra
Por desventura mía,
En la fría, desierta y dura tierra.
¿Quién me dijera, Elisa, vida mía,
Cuando en aqueste valle al fresco viento
Andábamos cogiendo tiernas flores,
Que había de ver con largo apartamiento
Venir al triste y solitario día
Que diese amargo fin a mis amores?
El cielo en mis dolores
Cargó la mano tanto,
Que a sempiterno llanto
Y a triste soledad me ha condenado;
Y lo que que siento más es verme atado
A la pesada vida y enojosa,
Solo, desamparado,
Ciego sin lumbre en cárcel tenebrosa.
Después que nos dejaste, nunca pace
En hartura el ganado ya, ni acude
El campo al labrador con mano llena.
No hay bien que en mal no se convierta y mude:
La mala yerba al trigo ahoga, y nace

En lugar suyo la infelice avena;
La tierra, que de buena
Gana nos producía
Flores con que solía
Quitar en sólo verlas mil enojos,
Produce ahora en cambio estos abrojos,
Ya de rigor de espinas intratable;
Yo hago con mis ojos
Crecer, lloviendo, el fruto miserable.
Como al partir del sol la sombra crece,
Y en cayendo su rayo se levanta
La negra oscuridad que el mundo cubre,
De do viene el temor que nos espanta,
Y la medrosa forma en que se ofrece
Aquello que la noche nos encubre,
Hasta que el sol descubre
Su luz pura y hermosa;
Tal es la tenebrosa
Noche de tu partir, en que he quedado
De sombra y de temor atormentado,
Hasta que muerte el tiempo determine
Que a ver el deseado
Sol de tu clara vista me encamine.
Cual suele el risueñor con triste canto
Quejarse, entre las hojas escondido,
Del duro labrador, que cautamente
Le despojó su caro y dulce nido
De los tiernos hijuelos, entretanto
Que del amado ramo estaba ausente,
Y aquel dolor que siente
Con diferencia tanta
Por la dulce garganta
Despide, y a su canto el aire suena,
Y la callada noche no refrena
Su lamentable oficio y sus querellas,
Trayendo de su pena
Al cielo por testigo y las estrellas;
Desta manera suelto ya la rienda
A mi dolor, y así me quejo en vano
De la dureza de la muerte airada.
Ella en mi corazón metió la mano,
Y de allí me llevó mi dulce prenda;

Que aquel era su nido y su morada.
¡Ay muerte arrebatada!
Por ti me estoy quejando
Al cielo y enojando
Con importuno llanto al mundo todo:
Tan desigual dolor no sufre modo.
No me podrán quitar el dolorido
Sentir, si ya del todo
Primero no me quitan el sentido.
Tengo una parte aquí de tus cabellos,
Elisa, envueltos en un blanco paño,
Que nunca de mi seno se me apartan;
Descójolos, y de un dolor tamaño
Enternecerme siento, que sobre ellos
Nunca mis ojos de llorar se hartan.
Sin que de allí se partan,
Con suspiros calientes,
Más que la llama ardientes,
Los enjugo del llanto, y de consumo
Casi los paso y cuento uno a uno;
Juntándolos, con un cordón los ato.
Tras esto el importuno
Dolor me deja descansar un rato.
Mas luego a la memoria se me ofrece
Aquella noche tenebrosa, oscura
Que tanto aflige esta ánima mezquina
Con la memoria de mi desventura.
Verte presente ahora me parece
En aquel duro trance de Lucina,
Y aquella voz divina,
Con cuyo son y acentos
A los airados vientos
Pudieras amansar, que ahora es muda,
Me parece que oigo que a la cruda,
Inexorable diosa demandabas
En aquel paso ayuda;
Y tú, rústica diosa, ¿dónde estabas?
¿Ibate tanto en perseguir las fieras?
¿Ibate tanto en un pastor dormido?
¿Cosa pudo bastar a tal crüeza,
Que, conmovida a compasión, oído
A los votos y lágrimas, no dieras
Por no ver hecha tierra tal belleza,

O no ver la tristeza
En que tu Nemoroso
Queda, que su reposo
Era seguir tu oficio, persiguiendo
Las fieras por los montes, y ofreciendo
A tus sagradas aras los despojos?
¿Y tú, ingrata, riendo
Dejas morir mi bien ante los ojos?
Divina Elisa, pues ahora el cielo
Con inmortales pies pisas y mides,
Y su mudanza ves, estando queda,
¿Por qué de mí te olvidas, y no pides
Que se apresure el tiempo en que este velo
Rompa del cuerpo, y verme libre pueda,
Y en la tercera rueda
Contigo mano a mano
Busquemos otro llano,
Busquemos otros montes y otros ríos,
Otros valles floridos y sombríos,
Donde descanse y siempre pueda verte
Ante los ojos míos,
Sin miedo y sobresalto de perderte?—
Nunca pusieran fin al triste lloro
Los pastores, ni fueran acabadas
Las canciones que sólo el monte oía,
Si mirando las nubes coloradas,
Al tramontar del sol bordadas de oro,
No vieran que era ya pasado el día.
La sombra se veía
Venir corriendo apriesa
Ya por la falda espesa
Del altísimo monte, y recordando
Ambos como de sueño, y acabando
El fugitivo sol, de luz escaso,
Su ganado llevando,
Se fueron recogiendo paso a paso.

12. *A LA FLOR DE GNIDO*

Si de mi baja lira
Tanto pudiese el son, que en un momento
Aplacase la ira
Del animoso viento,
Y la furia del mar y el movimiento;

Y en ásperas montañas
Con el süave canto enterneciese
Las fieras alimañas,
Los árboles moviese,
Y al son confusamente los trajese;
No pienses que cantado
Sería de mí, hermosa flor de Gnido,
El fiero Marte airado,
A muerte convertido,
De polvo y sangre y de sudor teñido;
Ni aquellos capitanes
En las sublimes ruedas colocados,
Por quien los alemanes
El fiero cuello atados,
Y los franceses van domesticados.
Mas solamente aquella
Fuerza de tu beldad sería cantada,
Y alguna vez con ella
También sería notada
La aspereza de que estás armada;
Y cómo por ti sola,
Y por tu gran valor y hermosura,
Convertida en viola,
Llora su desventura
El miserable amante en su figura.
Hablo de aquel cautivo,
De quien tener se debe más cuidado,
Que está muriendo vivo,
Al remo condenado,
En la concha de Venus amarrado.
Por ti, como solía,
Del áspero caballo no corrige
La furia y gallardía,
Ni con freno le rige,
Ni con vivas espuelas ya le aflige.
Por ti, con diestra mano
No revuelve la espada presurosa,
Y en el dudoso llano
Huye la polvorosa
Palestra como sierpe ponzoñosa.
Por ti, su blanda musa,
En lugar de la cítara sonante,

Tristes querellas usa,
Que con llanto abundante
Hacen bañar el rostro del amante.
  Por ti, el mayor amigo
Le es importuno, grave y enojoso;
Yo puedo ser testigo
Que ya del peligroso
Naufragio fui su puerto y su reposo.
  Y ahora en tal manera
Vence el dolor a la razón perdida,
Que ponzoñosa fiera
Nunca fue aborrecida
Tanto como yo dél, ni tan temida.
  No fuiste tú engendrada
Ni producida de la dura tierra;
No debe ser notada
Que ingratamente yerra
Quien todo el otro error de sí destierra.
  Hágate temerosa
El caso de Anaxárate, y cobarde,
Que de ser desdeñosa
Se arrepintió muy tarde;
Y así, su alma con su mármol arde.
  Estábase alegrando
Del mal ajeno el pecho empedernido,
Cuando abajo mirando
El cuerpo muerto vido
Del miserable amante, allí tendido.
  Y al cuello el lazo atado,
Con que desenlazó de la cadena
El corazón cuitado,
Que con su breve pena
Compró la eterna punición ajena.
  Sintió allí convertirse
En piedad amorosa la aspereza.
¡Oh tarde arrepentirse!
¡Oh última terneza!
¿Cómo te sucedió mayor dureza?
  Los ojos se enclavaron
En el tendido cuerpo que allí vieron,
Los huesos se tornaron
Más duros y crecieron,
Y en sí toda la carne convirtieron;

Las entrañas heladas
Tornaron poco a poco en piedra dura;
Por las venas cuitadas
La sangre su figura
Iba desconociendo y su natura;
Hasta que finalmente
En duro mármol vuelta y trasformada,
Hizo de sí la gente
No tan maravillada
Cuanto de aquella ingratitud vengada.
No quieras tú, señora,
De Némesis airada las saetas
Probar, por Dios, ahora;
Baste que tus perfetas
Obras y hermosura a los poetas
Den inmortal materia,
Sin que también en verso lamentable
Celebren la miseria
De algún caso notable
Que por ti pase triste y miserable.

Gutierre de Cetina

13. *MADRIGAL*

Ojos claros, serenos,
Si de un dulce mirar sois alabados,
¿Por qué, si me miráis, miráis airados?
Si cuando más piadosos,
Más bellos parecéis a aquel que os mira,
No me miréis con ira,
Porque no parezcáis menos hermosos.
¡Ay tormentos rabiosos!
Ojos claros, serenos,
Ya que así me miráis, miradme al menos.

Fray Luis de León

14. *VIDA RETIRADA*

¡Qué descansada vida
la del que huye del mudanal rüido,
y sigue la escondida
senda por donde han ido
los pocos sabios que en el mundo han sido!
Que no le enturbia el pecho
de los soberbios grandes el estado,
ni del dorado techo
se admira, fabricado
del sabio moro, en jaspes sustentado.
No cura si la fama
canta con voz su nombre pregonera,
ni cura si encarama
la lengua lisonjera
lo que condena la verdad sincera.
¿Qué presta a mi contento
si soy del vano dedo señalado,
si en busca de este viento
ando desalentado
con ansias vivas y mortal cuidado?
¡Oh campo, oh monte, oh río!
¡oh secreto seguro deleitoso!,
roto casi el navío,
a vuestro almo reposo
huyo de aqueste mar tempestüoso.
Un no rompido sueño,
un día puro, alegre, libre quiero;
no quiero ver el ceño
vanamente severo
de quien la sangre ensalza o el dinero.
Despiértenme las aves
con su cantar suave no aprendido,
no los cuidados graves
de que es siempre seguido
quien al ajeno arbitrio está atenido.
Vivir quiero conmigo,
gozar quiero del bien que debo al cielo,

a solas sin testigo
libre de amor, de celo,
de odio, de esperanzas, de recelo.
Del monte en la ladera
por mi mano plantado tengo un huerto
que con la primavera,
de bella flor cubierto,
ya muestra en esperanza el fruto cierto.
Y como codiciosa
de ver y acrecentar su hermosura,
desde la cumbre airosa
una fontana pura
hasta llegar corriendo se apresura.
Y luego sosegada
el paso entre los árboles torciendo,
el suelo de pasada
de verdura vistiendo,
y con diversas flores va esparciendo.
El aire el huerto orea
y ofrece mil olores al sentido,
los árboles menea
con un manso rüido
que el oro y del cetro pone olvido.
Ténganse su tesoro
los que de un flaco leño se confían:
no es mío ver el lloro
de los que desconfían
cuando el cierzo y el ábrego porfían.
La combatida antena
cruje, y en ciega noche el claro día
se torna, al cielo suena
confusa vocería,
y la mar enriquecen a porfía.
A mí una pobrecilla
mesa de amable paz bien abastada
me baste, y la vajilla
de fino oro labrada
sea de quien la mar no teme airada.
Y mientras miserable-
mente se están los otros abrasando
en sed insaciable
del no durable mando,
tendido yo a la sombra esté cantando.

A la sombra tendido
de yedra y lauro eterno coronado,
puesto el atento oído
al son dulce acordado
del plectro sabiamente meneado.

15. *A DON FRANCISCO DE SALINAS*

El aire se serena
y viste de hermosura y luz no usada,
Salinas, cuando suena
la música extremada
por vuestra sabia mano gobernada.
A cuyo son divino
mi alma que en olvido está sumida,
torna a cobrar el tino,
y memoria perdida
de su origen primera esclarecida.
Y como se conoce,
en suerte y pensamientos se mejora;
el oro desconoce
que el vulgo vil adora,
la belleza caduca engañadora.
Traspasa el aire todo
hasta llegar a la más alta esfera,
y oye allí otro modo
de no perecedera
música, que es de todas la primera
Ve cómo el gran Maestro
a aquesta inmensa cítara aplicado,
con movimiento diestro
produce el son sagrado
con que este eterno templo es sustentado
Y como está compuesta
de números concordes, luego envía
consonante respuesta,
y entrambas a porfía
mezclan una dulcísima armonía.
Aquí el alma navega
por un mar de dulzura, y finalmente
en él así se anega,
que ningún accidente

extraño o peregrino oye y siente,
¡Oh desmayo dichoso!
¡oh muerte que das vida! ¡oh dulce olvido!
¡Durase en tu reposo
sin ser restituido
jamás a aqueste bajo y vil sentido!
A este bien os llamo,
gloria del Apolíneo sacro coro,
amigo, a quien amo
sobre todo tesoro;
que todo lo demás es triste lloro.
¡Oh!, suene de contino,
Salinas, vuestro son en mis oídos,
por quien al bien divino
despiertan los sentidos,
quedando a lo demás amortecidos.

16. *A FELIPE RUIZ DE LA TORRE Y MOTA*

¿Cuándo será que pueda
libre de esta prisión volar al cielo,
Felipe, y en la rueda
que huye más del suelo,
contemplar la verdad pura sin velo?
Allí a mi vida junto
en luz resplandeciente convertido,
veré distinto y junto
lo que es y lo que ha sido,
y su principio propio y escondido.
Entonces veré cómo
el divino poder echó el cimiento
tan a nivel y plomo,
do estable eterno asiento
posee el pesadísimo elemento.
Veré las inmortales
columnas do la tierra está fundada,
las lindes y señales
con que a la mar airada
la Providencia tiene aprisionada.
Por qué tiembla la tierra,
por que las honda^s^ mares se embravecen,

do sale a mover guerra
el cierzo, y por qué crecen
las aguas del Océano y decrecen.
De do manan las fuentes;
quién ceba, y quién bastece de los ríos
las perpetuas corrientes;
de los helados fríos
veré las causas, y de los estíos.
Las soberanas aguas
del aire en la región quién las sostiene;
de los rayos las fraguas;
do los tesoros tiene
de nieve Dios, y el trueno dónde viene.
¿No ves cuando acontece
turbarse el aire todo en el verano?
El día se ennegrece,
sopla el gallego insano,
y sube hasta el cielo el polvo vano;
Y entre las nubes mueve
su carro Dios ligero y reluciente,
horrible son conmueve,
relumbra fuego ardiente,
treme la tierra, humíllase la gente.
La lluvia baña el techo,
envían largos ríos los collados;
su trabajo deshecho,
los campos anegados
miran los labradores espantados.
Y de allí levantado
veré los movimientos celestiales,
así el arrebatado
como los naturales,
las causas de los hados, las señales.
Quién rige las estrellas
veré, y quién las enciende con hermosas
y eficaces centellas;
por qué están las dos osas,
de bañarse en el mar siempre medrosas
Veré este fuego eterno
fuente de vida y luz do se mantiene;
y por qué en el invierno
tan presuroso viene,
por qué en las noches largas se detiene.

Veré sin movimiento
en la más alta esfera las moradas
del gozo y del contento,
de oro y luz labradas,
de espíritus dichosos habitadas.

17. *NOCHE SERENA*

Cuando contemplo el cielo
de innumerables luces adornado,
y miro hacia el suelo
de noche rodeado,
en sueño y en olvido sepultado.

El amor y la pena
despiertan en mi pecho una ansia ardiente;
despiden larga vena
los ojos hechos fuente;
la lengua dice al fin con voz doliente:

Morada de grandeza,
templo de claridad y hermosura,
mi alma que a tu alteza
nació, ¿qué desventura
la tiene en esta cárcel baja, oscura?

¿Qué mortal desatino
de la verdad aleja así el sentido,
que de tu bien divino
olvidado, perdido
sigue la vana sombra, el bien fingido?

El hombre está entregado
al sueño, de su suerte no cuidando,
y con paso callado
el cielo vueltas dando
las horas del vivir le va hurtando.

¡Ay!, despertad, mortales;
mirad con atención en vuestro daño;
¿las almas inmortales
hechas a bien tamaño
podrán vivir de sombra, y sólo engaño?

¡Ay!, levantad los ojos
a aquesta celestial eterna esfera,
burlaréis los antojos
de aquesa lisonjera
vida. con cuanto teme y cuanto espera.

¿Es más que un breve punto
el bajo y torpe suelo, comparado
a aqueste gran trasunto,
do vive mejorado
lo que es, lo que será, lo que ha pasado?
Quien mira el gran concierto
de aquestos resplandores eternales,
su movimiento cierto,
sus pasos desiguales,
y en proporción concorde tan iguales;
La luna cómo mueve
la plateada rueda, y va en pos de ella
la luz do el saber llueve,
y la graciosa estrella
de amor la sigue reluciente y bella;
Y cómo otro camino
prosigue el sanguinoso Marte airado,
y el Júpiter benigno
de bienes mil cercado
serena el cielo con su rayo amado;
Rodéase en la cumbre
Saturno, padre de los siglos de oro,
tras él la muchedumbre
del reluciente coro
su luz va repartiendo y su tesoro.
¿Quién es el que esto mira,
y precia la bajeza de la tierra,
y no gime y suspira
por romper lo que encierra
el alma, y de estos bienes la destierra?
Aquí vive el contento,
aquí reina la paz: aquí asentado
en rico y alto asiento
está el amor sagrado
de honra y de deleites rodeado.
Inmensa hermosura
aquí se muestra toda; y resplandece
clarísima luz pura,
que jamás anochece;
eterna primavera aquí florece.
¡Oh campos verdaderos!
¡oh prados con verdad frescos y amenos!

¡riquísimos mineros!
¡Oh deleitosos senos!
¡repuestos valles de mil bienes llenos!

18. *MORADA DEL CIELO*

Alma región luciente,
prado de bienandanza, que ni al hielo
ni con el rayo ardiente
falleces, fértil suelo
producidor eterno de consuelo;
De púrpura y de nieve
florida cabeza coronado,
a dulces pastos mueve
sin honda ni cayado,
el buen Pastor en ti su hato amado.
El va, y en pos dichosas
le siguen sus ovejas, do las pace
con inmortales rosas,
con flor que siempre nace,
y cuanto más se goza más renace.
Ya dentro a la montaña
del alto bien las guía; ya en la vena
del gozo fiel las baña,
y les da mesa llena,
pastor y pasto él solo, y suerte buena.
Y de su esfera cuando
la cumbre toca altísimo subido
el Sol, él sesteando
de su hato ceñido
con dulce son deleita el santo oído.
Toca el rabel sonoro,
y el inmortal dulzor al alma pasa,
con que envilece el oro,
y ardiendo se traspasa
y lanza en aquel bien libre de tasa.
¡Oh son, oh voz!, siquiera
pequeña parte alguna descendiese
en mi sentido, y fuera
de sí el alma pusiese
y toda en ti, oh amor, la convirtiese!
Conocería dónde
sesteas, dulce Esposo, y desatada

de esta prisión a donde
padece, a tu manada
junta, no ya andará perdida, errada.

19. *EN LA ASCENSION*

¡Y dejas, Pastor santo,
tu grey en este valle hondo, oscuro,
con soledad y llanto,
y tú rompiendo el puro
aire, te vas al inmortal seguro!
¿Los antes bienhadados,
y los ahora tristes y afligidos,
a tus pechos criados,
de Ti desposeídos,
a do convertirán ya sus sentidos?
¿Qué mirarán los ojos
que vieron de tu rostro la hermosura,
que no les sea enojos?
quien oyó tu dulzura,
¿qué no tendrá por sordo y desventura?
Aqueste mar turbado
¿quién le pondrá ya freno?, ¿quién concierto
al viento fiero airado?
estando tú encubierto,
¿qué norte guiará la nave al puerto?
¡Ay!, nube envidiosa
aun de este breve gozo, ¿qué te quejas?
¿do vuelas presurosa?
¡cuán rica tú te alejas!
¡Cuán pobres y cuán ciegos, ay, nos dejas!

20. *IMITACION DE DIVERSOS*

Vuestra tirana exención
y ese vuestro cuello erguido
estoy cierto que Cupido
pondrá en dura sujeción.
Vivid esquiva y exenta;
que a mi cuenta
vos serviréis al amor
cuando de vuestro dolor

ninguno quiera hacer cuenta.
Cuando la dorada cumbre
fuere de nieve esparcida,
y las dos luces de vida
recogieren ya su lumbre:
cuando la ruga enojosa
en la hermosa
frente y cara se mostrare,
y el tiempo que vuelva helare
esa fresca y linda rosa;
Cuando os viéredes perdida,
os perderéis por querer,
sentiréis que es padecer
querer y no ser querida,
Diréis con dolor, Señora,
cada hora:
«¡Quién tuviera, ay, sin ventura,
o ahora aquella hermosura
o antes el amor de ahora!»
A mil gentes que agraviadas
tenéis con vuestra porfía,
dejaréis en aquel día
alegres y bien vengadas.
Y por mil partes volando
publicando
el amor irá este cuento,
para aviso y escarmiento
de quien huye de su bando.
¡Ay!, por Dios, Señora bella,
mirad por vos, mientras dura
esa flor graciosa y pura,
que el no gozalla es perdella,
y pues no menos discreta
y perfeta
sois que bella y desdeñosa,
mirad que ninguna cosa
hay que a amor no esté sujeta.
El amor gobierna el cielo
con ley dulce eternamente,
¿y pensáis vos ser valiente
contra él? Acá en el suelo
da movimiento y viveza

a belleza
el amor, y es dulce vida;
y la suerte más valida
sin él es triste pobreza.
¿Qué vale el beber en oro,
el vestir seda y brocado,
el techo rico labrado
los montones de tesoro?
¿Y qué vale si a derecho
os da pecho
el mundo todo y adora,
si a la fin dormís, Señora,
en el solo y frío lecho?

21. *SONETO*

Ahora con la aurora se levanta
mi luz, ahora coge en rico nudo
el hermoso cabello, ahora el crudo
pecho ciñe con oro, y la garganta.
Ahora vuelta al cielo pura y santa
las manos y ojos bellos alza, y pudo
dolerse ahora de mi mal agudo;
ahora incomparable tañe y canta.
Así digo, y del dulce error llevado,
presente ante mis ojos la imagino,
y lleno de humildad y amor la adoro.
Mas luego vuelve en sí el engañado
ánimo, y conociendo el desatino,
la rienda suelta largamente al lloro.

San Juan de la Cruz

22. *CANTICO ESPIRITUAL. CANCIONES ENTRE EL ALMA Y EL ESPOSO*

ESPOSA

¿Adónde te escondiste,
Amado y me dejaste con gemido?

Como el ciervo huiste,
Habiéndome herido;
Salí tras ti clamando, y eras ido.
Pastores, los que fuerdes
Allá por las majadas, al otero,.
Si por ventura vierdes
Aquel que yo más quiero
Decidle que adolezco, peno y muero.
Buscando mis amores,
Iré por esos montes y riberas,
Ni cogeré las flores,
Ni temeré las fieras,
Y pasaré los fuertes y fronteras.
¡Oh bosques y espesuras,
Plantadas por la mano del Amado!
¡Oh prado de verduras,
De flores esmaltado,
Decid si por vosotros ha pasado!

RESPUESTA DE LAS CRIATURAS

Mil gracias derramando
Pasó por estos sotos con presura,
Y, yéndolos mirando,
Con sola su figura
Vestidos los dejó de su hermosura.

ESPOSA

¡Ay, quién podrá sanarme!
Acaba de entregarte ya de vero,
No quieras enviarme
De hoy más ya mensajero,
Que no saben decirme lo que quiero.
Y todos cuantos vagan,
De ti me van mil gracias refiriendo,
Y todos más me llagan,
Y déjame muriendo
Un no sé qué que quedan balbuciendo.
Mas ¿cómo perseveras,
Oh vida, no viviendo donde vives,
Y haciendo porque mueras

Las flechas que recibes,
De lo que del Amado en ti concibes?
¿Por qué, pues ha llagado
A aqueste corazón, no le sanaste?
Y pues me le has robado,
¿Por qué así lo dejaste,
Y no tomas el robo que robaste?

Apaga mis enojos,
Pues que ninguno basta a deshacellos,
Y véante mis ojos,
Pues eres lumbre de ellos
Y sólo para ti quiero tenellos.
Descubre tu presencia,
Y máteme tu vista y hermosura:
Mira que la dolencia
De amor, que no se cura
Sino con la presencia y la figura.
¡Oh cristalina fuente,
Si en esos tus semblantes plateados
Formases de repente
Los ojos deseados
Que tengo en mis entrañas dibujados!
Apártalos, Amado,
Que voy de vuelo.

ESPOSO

Vuélvete paloma,
Que el ciervo vulnerado
Por el otero asoma,
Al aire de tu vuelo, y fresco toma.

ESPOSA

Mi amado, las montañas,
Los valles solitarios nemorosos,
Las ínsulas extrañas,
Los ríos sonorosos.
El silbo de los aires amorosos.
La noche sosegada,
En par de los levantes de la aurora,
La música callada,

La soledad sonora,
La cena, que recrea y enamora.
Cazadnos las raposas,
Que está ya florecida nuestra viña,
En tanto que de rosas
Hacemos una piña,
Y no parezca nadie en la montiña.
Detente, Cierzo muerto:
Ven, Austro, que recuerdas los amores,
Aspira por mi huerto,
Y corran tus olores,
Y pacerá el Amado entre las flores.
Oh ninfas de Judea,
En tanto que en las flores y rosales
El ámbar perfumea,
Morá en los arrabales,
Y no queráis tocar nuestros umbrales.
Escóndete, Carillo,
Y mira con tu haz a las montañas,
Y no quieras decillo;
Mas mira las campañas
De la que va por ínsulas extrañas.

ESPOSO

A las aves ligeras,
Leones, ciervos, gamos saltadores,
Montes, valles, riberas,
Aguas, aires, ardores,
Y miedos de las noches veladores,
Por las amenas liras
Y cantos de sirenas os conjuro
Que cesen vuestras iras,
Y no toquéis al muro,
Porque la Esposa duerma más seguro.
Entrádose ha la Esposa
En el ameno huerto deseado,
Y a su sabor reposa,
El cuello reclinado
Sobre los dulces brazos del Amado.
Debajo del manzano
Allí conmigo fuiste desposada,
Allí te di la mano,

Y fuiste reparada
Donde tu madre fuera violada.

ESPOSA

Nuestro lecho florido,
De cuevas de leones enlazado,
En púrpura teñido,
De paz edificado,
De mil escudos de oro coronado.
A zaga de tu huella
Los jóvenes discurren el camino,
Al toque de centella,
Al adobado vino,
Emisiones de bálsamo divino.
En la interior bodega
De mi amado bebí, y cuando salía
Por toda aquesta vega,
Ya cosa no sabía
Y el ganado perdí que antes seguía.
Allí me dio su pecho,
Allí me enseñó ciencia muy sabrosa,
Y yo le di de hecho
A mí, sin dejar cosa,
Allí le prometí de ser su esposa.
Mi alma se ha empleado
Y todo mi caudal en su servicio.
Ya no guardo ganado,
Ni ya tengo otro oficio:
Que ya sólo en amar es mi ejercicio.
Pues ya si en el ejido
De hoy más no fuere vista ni hallada,
Diréis que me he perdido,
Que andando enamorada
Me hice perdidiza, y fui ganada,
De flores y esmeraldas
En las frescas mañanas escogidas,
Haremos las guirnaldas,
En tu amor florecidas,
Y en un cabello mío entretejidas.
En solo aquel cabello
Que en mi cuello volar consideraste,
Mirástele en mi cuello,

Y en él preso quedaste,
Y en uno de mis ojos te llegaste.
Cuando tú me mirabas,
Su gracia en mí tus ojos imprimían;
Por eso me adamabas,
Y en eso merecían
Los míos adorar lo que en ti vían.
No quieras despreciarme,
Que si color moreno en mí hallaste
Ya bien puedes mirarme,
Después que me miraste,
Que gracia y hermosura en mí dejaste.

ESPOSO

La blanca palomica
Al arca con el ramo se ha tornado,
Y ya la tortolica
Al socio deseado
En las riberas verdes ha hallado,
En soledad vivía,
Y en soledad ha puesto ya su nido,
Y en soledad la guía
A solas su querido,
También en soledad de amor herido.

ESPOSA

Gocémonos, Amado,
Y vámonos a ver en tu hermosura
Al monte y al collado,
Do mana el agua pura;
Entremos más adentro en la espesura.
Y luego a las subidas
Cavernas de la piedra nos iremos,
Que están bien escondidas,
Y allí nos entraremos,
Y el mosto de granadas gustaremos.
Allí me mostrarías
Aquello que mi alma pretendía,
Y luego me darías
Allí tú, vida mía,
Aquello que me diste el otro día.

El aspirar del aire,
El canto de la dulce Filomena,
El soto y su donaire,
En la noche serena
Con llama que consume y no da pena.
Que nadie lo miraba,
Aminadab tampoco parecía,
Y el cerco sosegaba,
Y la caballería
A vista de las aguas descendía.

Anónimo *

23. *SONETO*

No me mueve, mi Dios, para quererte
El cielo que me tiene prometido,
Ni me mueve el infierno tan temido
Para dejar por eso de ofenderte.
Tú me mueves. Señor, muéveme al verte
Clavado en una cruz y escarnecido;
Muéveme ver tu cuerpo tan herido;
Muévenme tus afrentas y tu muerte.
Muéveme, al fin, tu amor, y en tal manera,
Que aunque no hubiera cielo, yo te amara.
Y aunque no hubiera infinito, te temiera.
No me tienes que dar porque te quiera;
Pues aunque lo que espero no esperara,
Lo mismo que te quiero te quisiera.

* Atribuido a Santa Teresa, a San Francisco Javier, y a Fray Miguel de Guevara.

Francisco de la Torre

24. *LA CIERVA*

Doliente cierva, que el herido lado
De ponzoñosa y cruda yerba lleno,
Buscas el agua que la fuente pura,
Con el cansado aliento y con el seno

Bello de la corriente sangre hinchado,
Débil y decaída tu hermosura:
¡Ay!, que la mano dura
Que tu nevado pecho
Ha puesto en tal estrecho,
Gozosa va con tu desdicha, cuando
Cierva mortal, viviendo, estás penando
Tu desangrado y dulce compañero.
El regalado y blando
Pecho pasado del veloz montero;
Vuelve cuitada, vuelve al valle, donde
Queda muerto tu amor, en vano dando
Términos desdichados a tu suerte.
Morirás en su seno, reclinando
La beldad, que la cruda mano esconde
Delante de la nube de la muerte.
Que el paso duro y fuerte;
Ya forzoso y terrible,
No puede ser posible
Que le excusen los cielos, permitiendo
Crudos astros que muera padeciendo
Las asechanzas de un montero crudo,
Que te vino siguiendo
Por los desiertos de este campo mudo.
Mas, ¡ay!, que no dilatas la inclemente
Muerte, que en tu sangriento pecho llevas,
Del crudo amor vencido y maltratado;
Tú con el fatigado aliento pruebas
A rendir el espíritu doliente
En la corriente de este valle amado
Que el ciervo desangrado,
Que contigo la vida
Tuvo por bien perdida,
No fue tan poco de tu amor querido,
Que habiendo tan cruelmente padecido,
Quieras vivir sin él, cuando pudieras
Librar el pecho herido
De crudas llagas y memorias fieras.
Cuando por la espesura deste prado
Como tórtolas solas y queridas,
Solos y acompañados anduvistes;
Cuando de verde mirto y de floridas

Violetas, tierno acanto y lauro amado,
Vuestras frentes bellísimas ceñistes;
Cuando las horas tristes,
Ausentes y queridos,
Con mil mustios bramidos
Ensordecistes la ribera umbrosa
Del claro Tajo, rica y venturosa
Con vuestro bien, con vuestro mal sentida;
Cuya muerte penosa
No deja rastro de contenta vida.
Ahora el uno, cuerpo muerto lleno
De desdén y de espanto, quien solía
Ser ornamento de la selva umbrosa,
Tú, quebrantada y mustia, al agonía
De la muerte rendida, el bello seno
Agonizando, el alma congojosa;
Cuya muerte gloriosa.
En los ojos de aquellos
Cuyos despojos bellos
Son victorias del crudo amor furioso,
Martirio fue de amor, triunfo glorioso
Con que corona y premia dos amantes
Que del siempre rabioso
Trance mortal salieron muy triunfantes.
Canción, fábula un tiempo, y caso ahora
De una cierva doliente, que la dura
Flecha del cazador dejó sin vida,
Errad por la espesura
Del monte, que de gloria tan perdida
No hay sino lamentar su desventura.

Gil Polo

25. *CANCION*

En el campo venturoso,
Donde con clara corriente
Guadalavïar hermoso
Dejando el suelo abundoso
Da tributo al mar potente;
Galatea, desdeñosa

Del dolor que a Licio daña,
Iba alegre y bulliciosa
Por la ribera arenosa
Que el mar con sus ondas baña,
  Entre la arena cogiendo
Conchas y piedras pintadas,
Muchos cantares diciendo
Con el son del ronco estruendo
De las ondas alteradas.
  Junto al agua se ponía,
Y las ondas aguardaba,
Y en verlas llegar huía;
Pero a veces no podía
Y el blanco pie se mojaba.
  Licio, al cual en sufrimiento
Amador ninguno iguala,
Suspendió allí su tormento
Mientras miraba el contento
De su pulida zagala.
  Mas cotejando su mal
Con el gozo que ella había
El fatigado zagal
Con voz amarga y mortal
De esta manera decía:
  —Ninfa hermosa, no te vea
Jugar con el mar horrendo;
Y aunque más placer te sea,
Huye del mar, Galatea,
Como estás de Licio huyendo.
  Deja ahora de jugar,
Que me es dolor importuno:
No me hagas más penar,
Que en verte cerca del mar
Tengo celos de Neptuno.
  Causa mi triste cuidado
Que a mi pensamiento crea:
Porque ya está averiguado
Que si no es tu enamorado
Lo será cuando te vea.
  Y está cierto, porque amor
Sabe desde que me hirió,
Que para pena mayor
Me falta un competidor

Más poderoso que yo.
Deja la seca ribera.
Do está el alga infructuosa:
Guarda que no salga afuera
Alguna marina fiera
Enroscada y escamosa.
Huye ya, y mira que siento
Por ti dolores sobrados;
Porque con doble tormento
Celos me da tu contento
Y tu peligro cuidados.
En verte regocijada
Celos me hacen acordar
De Europa, ninfa preciada,
Del toro blanco engañada
En la ribera del mar.
Y el ordinario cuidado
Hace que piense contino
De aquel desdeñoso alnado,
Orilla del mar arrastrado,
Visto aquel monstruo marino.
Mas no veo en ti temor
De congoja y pena tanta;
Que bien sé por mi dolor
Que a quien no teme el amor
Ningún peligro le espanta.
Guarte pues de un gran cuidado:
Que el vengativo Cupido
Viéndose menospreciado,
Lo que no hace de grado,
Suele hacerlo de ofendido.
Ven conmigo al bosque ameno,
Y al apacible sombrío
De olorosas flores lleno,
Do en el día más sereno
No es enojoso el Estío.
Si el agua te es placentera,
Hay allí fuente tan bella
Que para ser la primera
Entre todas, sólo espera
Que tú te laves en ella.
En aqueste raso suelo
A guardar tu hermosa cara

No basta sombrero o velo;
Que estando al abierto cielo
El sol morena te para.
  No escuchas dulces concentos,
Sino el espantoso estruendo
Con que los bravosos vientos
Con soberbios movimientos
Van las aguas revolviendo.
  Y tras la fortuna fiera
Son las vistas más süaves
Ver llegar a la ribera
La destrozada madera
De las anegadas naves.
  Ven a la dulce floresta,
Do natura no fue escasa:
Donde haciendo alegre fiesta
La más calorosa siesta
Con más deleite se pasa.
  Huye los soberbios mares;
Ven, verás cómo cantamos
Tan deleitosos cantares
Que los más duros pesares
Suspendemos y engañamos;
  Y aunque quien pasa dolores,
Amor le fuerza a cantarlos,
Yo haré que los pastores
No digan cantos de amores,
Porque huelgues de escucharlos.
  Allí, por bosques y prados,
Podrás leer todas horas,
En mil robles señalados
Los nombres más celebrados
De las ninfas y pastoras.
  Más seráte cosa triste
Ver tu nombre allí pintado,
En saber que escrita fuiste
Por el que siempre tuviste
De tu memoria borrado.
  Y aunque mucho estés airada,
No creo yo que te asombre
Tanto el verte allí pintada,
Como el ver que eres amada,
Del que allí escribió tu nombre.

No ser querida y amar
Fuera triste desplacer;
Mas ¿qué tormento o pesar
Te puede, Ninfa, causar
Ser querida y no querer?
Mas desprecia cuanto quieras
A tu pastor, Galatea;
Sólo que en estas riberas
Cerca de las ondas fieras
Con mis ojos no te vea.
¿Qué pasatiempo mejor
Orilla el mar puede hallarse
Que escuchar el ruiseñor,
Coger la olorosa flor
Y en clara fuente lavarse?
Plugiera a Dios que gozaras
De nuestro campo y ribera,
Y porque más lo preciaras,
Ojalá tú lo probaras,
Antes que yo lo dijera.
Porque cuanto alabo aquí
De su crédito lo quito;
Pues el contentarme a mí
Bastará para que a ti
No te venga en apetito.—
Licio mucho más le hablara,
Y tenía más que hablalle,
Si ella no se lo estorbara,
Que con desdeñosa cara
Al triste dice que calle.
Volvió a sus juegos la fiera
Y a sus llantos el pastor,
Y de la misma manera
Ella queda en la ribera,
Y él en su mismo dolor.

Fernando de Herrera

26. *POR LA VICTORIA DE LEPANTO*

Cantemos al Señor, que en la llanura
Venció del ancho mar al Trace fiero;
Tú, Dios de las batallas, tú eres diestra,
Salud y gloria nuestra.
Tú rompiste las fuerzas y la dura
Frente de Faraón, feroz guerrero;
Sus escogidos príncipes cubrieron
Los abismos del mar, y descendieron.
Cual piedra, en el profundo, y tu ira luego
Los tragó, como arista seca el fuego.
El soberbio tirano, confiado
En el grande aparato de sus naves,
Que de los nuestros la cerviz cautiva
Y las manos aviva
Al ministerio injusto de su estado,
Derribó con los brazos suyos graves
Los cedros más excelsos de la cima
Y el árbol que más yerto se sublima,
Bebiendo ajenas aguas y atrevido
Pisando el bando nuestro y defendido.
Temblaron los pequeños, confundidos
Del impío furor suyo; alzó la frente
Contra ti, Señor Dios, y con semblante
Y con pecho arrogante,
Y los armados brazos extendidos,
Movió el airado cuello aquel potente;
Cercó su corazón de ardiente saña
Contra las dos Hesperias, que el mar baña,
Porque en ti confiadas le resisten
Y de armas de tu fe y amor se visten.
Dijo aquel insolente y desdeñoso:
«¿No conocen mis iras estas tierras,
Y de mis padres los ilustres hechos,
O valieron sus pechos
Contra ellos con el húngaro medroso.
Y de Dalmacia y Rodas en las guerras?
¿Quién las pudo librar? ¿Quién de sus manos

Pudo salvar los de Austria y los germanos?
¿Podrá su Dios, podrá por suerte ahora
Guardarlos de mi diestra vencedora?
»Su Roma, temerosa y humillada,
Los cánticos en lágrimas convierte;
Ella y sus hijos tristes en ira esperan
Cuando vencidos mueran
Francia está con discordia quebrantada,
Y en España amenaza horrible muerte
Quien honra de la luna las banderas;
Y aquéllas en la guerra gentes fieras
Ocupadas están en su defensa,
Y aunque no, ¿quién hacerme puede ofensa?
»Los poderosos pueblos me obedecen,
Y el cuello con su daño al yugo inclinan,
Y me dan por salvarse ya la mano
Y su valor es vano;
Que sus luces cayendo se oscurecen,
Sus fuertes a la muerte ya caminan,
Sus vírgenes están en cautiverio,
Su gloria ha vuelto al cetro de mi imperio
Del Nilo a Eufrates fértil e Istro frío,
Cuanto el sol alto mira todo es mío.»
Tú, Señor, que no sufres que tu gloria
Usurpe quien su fuerza osado estima,
Prevaleciendo en vanidad y en ira,
Este soberbio mira,
Que tus aras afea en su victoria.
No dejes que los tuyos así oprima,
Y en su cuerpo crüel, las fieras cebe
Y en su esparcida sangre el odio pruebe;
Que hecho ya su oprobio, dice: «¿Dónde
El Dios de éstos está? ¿De quién se esconde?»
Por la debida gloria de tu nombre,
Por la justa venganza de tu gente,
Por aquel de los míseros gemidos,
Vuelve el brazo tendido
Contra éste, que aborrece ya ser hombre;
Y las honras que celas tú consiente;
Y tres y cuatro veces el castigo
Esfuerza con rigor a tu enemigo,
Y la injuria a tu nombre cometida
Sea el hierro contrario de su vida.

Levantó la cabeza el poderoso
Que tanto odio te tiene; en nuestro estrago
Juntó el consejo, y contra nos pensaron
Los que en él se hallaron,

«Venid, dijeron, y en el mar ondoso
Hagamos de su sangre un grande lago;
Deshagamos a éstos de la gente,
Y el nombre de su Cristo juntamente,
Y dividiendo de ellos los despojos,
Hártense en muerte suya nuestros ojos.»
Vinieron de Asia y portentoso Egito
Los árabes y leves africanos,
Y los que Grecia junta mal con ellos,
Con los erguidos cuellos,
Con gran poder y número infinito;
Y prometer osaron con sus manos
Encender nuestros fines y dar muerte
A nuestra juventud con hierro fuerte,
Nuestros niños prender y las doncellas,
Y la gloria manchar y la luz dellas.
Ocuparon del piélago los senos,
Puesta en silencio y en temor la tierra,
Y cesaron los nuestros valerosos,
Y callaron dudosos,
Hasta que al fiero ardor de sarracenos
El Señor eligiendo nueva guerra,
Se opuso el joven de Austria generoso
Con el claro español y belicoso;
Que Dios no sufre ya en Balde cautiva
Que su Sión querida siempre viva.
Cual león a la presa apercibido;
Sin recelo los impíos esperaban
A los que tú, Señor, eras escudo;
Que el corazón desnudo
De pavor, y de amor y fe vestido;
Con celestial aliento confiaban.
Sus manos a la guerra compusiste,
Y sus brazos fortísimos pusiste
Como el arco acerado, y con la espada
Vibraste en su favor la diestra armada.
Turbáronse los grandes, los robustos

Rindiéronse temblando y desmayaron;
Y tú entregaste, Dios, como la rueda,
Como la arista queda
Al ímpetu del viento, a estos injustos,
Que mil huyendo de uno se pasmaron.
Cual fuego abrasa selvas, cuya llama
En las espesas cumbres se derrama,
Tal en tu ira y tempestad seguiste
Y en su faz de ignominia convertiste.
Quebrantaste al crüel dragón, cortando
Los alas de su cuerpo temerosas
Y sus brazos terribles no vencidos;
Que con hondos gemidos
Se retira a su cueva, do silbando
Tiembla con sus culebras venenosas,
Lleno de miedo torpe sus entrañas,
De tu león temiendo las hazañas;
Que, saliendo de España, dio un rugido
Que lo dejó asombrado y aturdido.
Hoy se vieron los ojos humillados
Del sublime varón y su grandeza,
Y tú solo, Señor, fuiste exaltado;
Que tu día es llegado;
Señor de los ejércitos armados,
Sobre la alta cerviz y su dureza,
Sobre derechos cedros y extendidos,
Sobre empinados montes y crecidos,
Sobre torres y muros, y las naves
De Tiro, que a los suyos fueron graves.
Babilonia y Egipto amedrentada
Temerá el fuego y la asta violenta,
Y el humo subirá a la luz del cielo;
Y faltos de consuelo;
Con rostro oscuro y soledad turbada
Tus enemigos llorarán su afrenta.
Mas tú, Grecia, concorde a la esperanza
Egipcia y gloria de su confianza,
Triste que a ella pareces, no temiendo
A Dios y a tu remedio no atendiendo.
¿Por qué, ingrata, tus hijas adornaste
En adulterio infame a una impía gente,
Que deseaba profanar tus frutos,

Y con ojos enjutos
Sus odiosos pasos imitaste,
Su aborrecida vida y mal presente?
Dios vengará sus iras en tu muerte;
Que llega a tu cerviz con diestra fuerte
La aguda espada suya; ¿quién, cuitada,
Reprimirá su mano desatada?
Mas tú, fuerza del mar, tú, excelsa Tiro,
Que en sus naves estabas gloriosa,
Y el término espantabas de la tierra,
Y si hacías guerra,
De temor la cubrías con suspiro,
¿Cómo acabaste, fiera y orgullosa?
¿Quién pensó a tu cabeza daño tanto?
Dios, para convertir tu gloria en llanto
Y derribar tus ínclitos y fuertes
Te hizo perecer con tantas muertes.
Llorad, naves del mar; que es destruida
Vuestra vana soberbia y pensamiento.
¿Quién ya tendrá de ti lástima alguna,
Tú, que sigues la luna,
Asia adúltera, en vicios sumergida?
¿Quién mostrará un liviano sentimiento?
¿Quién rogará por ti? Que a Dios enciende
Tu ira y la arrogancia que te ofende,
Y tus viejos delitos y mudanza
Han vuelto contra ti a pedir venganza.
Los que vieron tus brazos quebrantados
Y de tus pinos ir el mar desnudo,
Que sus ondas turbaron y llanura,
Viendo tu muerte oscura,
Dirán, de tus estragos espantados:
¿Quién contra la espantosa tanto pudo?
El Señor, que mostró su fuerte mano
Por la fe de su príncipe cristiano
Y por el nombre santo de su gloria,
A su España concede esta victoria.
Bendita, Señor, sea tu grandeza;
Que después de los daños padecidos,
Después de nuestras culpas y castigo,
Rompiste al enemigo
De la antigua soberbia la dureza.
Adórense, Señor, tus escogidos,

Confiese cuanto cerca el ancho cielo
Tú nombre ¡oh nuestro Dios, nuestro consuelo!
Y la cerviz rebelde, condenada,
Perezca en bravas llamas abrasada.

27. *POR LA PERDIDA DEL REY DON SEBASTIAN*

Voz de dolor y canto de gemido
Y espíritu del miedo, envuelto en ira,
Hagan principio acerbo a la memoria
De aquel día fatal, aborrecido,
Que Lusitania mísera suspira.
Desnuda de valor, falta de gloria;
Y la llorosa historia
Asombre con horror funesto y triste
Desde el áfrico Atlante y seno ardiente
Hasta do el mar de otro color se viste,
Y do el límite rojo de oriente
Y todas sus vencidas gentes fieras
Ven tremolar de Cristo las banderas.
¡Ay de los que pasaron, confiados
En sus caballos y en la muchedumbre
De sus carros, en ti, Libia desierta,
Y en su vigor y fuerzas engañados
No alzaron su esperanza a aquella cumbre
De eterna luz, mas con soberbia cierta
Se ofrecieron la incierta
Victoria, y sin volver a Dios sus ojos,
Con yerto cuello y corazón ufano
Sólo atendieron siempre a los despojos!
Y el Santo de Israel abrió su mano,
Y los dejó y cayó en despeñadero
El carro, y el caballo y caballero.
Vino el día crüel, el día lleno
de indignación, de ira y furor, que puso
En soledad y en un profundo llanto,
De gente y de placer el reino ajeno,
El cielo no alumbró, quedó confuso
El nuevo sol, presagio de mal tanto,

Y con terrible espanto
El Señor vistió sobre sus males,
Para humillar los fuertes arrogantes,
Y levantó los bárbaros no iguales,
Que con osados pechos y constantes
No busquen oro, mas con hierro airado
La ofensa y venguen y el error culpado.
Los impíos y robustos, indignados,
Las ardientes espadas desnudaron
Sobre la claridad y hermosura
De tu gloria y valor, y no cansados
En tu muerte, tu honor y todo afearon,
Mezquina Lusitania sin ventura;
Y con frente segura
Rompieron sin temor con fiero estrago
Tus armadas escuadras y braveza.
La arena se tornó sangriento lago,
La llanura con muertos aspereza;
Cayó en unos vigor, cayó denuedo;
Más en otros desmayo y torpe miedo.
¿Son éstos por ventura los famosos,
Los fuertes, los belígeros varones
Que conturbaron con furor la tierra,
Que sacudieron reinos poderosos,
Que domaron las hórridas naciones,
Que pusieron desierto en cruda guerra
Cuanto el mar Indo encierra,
Y soberbias ciudades destruyeron?
¿Dó el corazón seguro y la osadía?
¿Cómo así se acabaron, y perdieron
Tanto heroico valor en solo un día;
Y lejos de su patria derribados,
No fueron justamente sepultados?
Tales ya fueron éstos, cual hermoso
Cedro del alto Líbano, vestido
De ramos, hojas, con excelsa alteza;
Las aguas lo criaron poderoso
Sobre empinados árboles crecido,
Y se multiplicaron en grandeza
Sus ramos con belleza;
Y extendiendo su sombra, se anidaron
Las aves que sustenta el grande cielo,
Y en sus hojas las fieras engendraron,

E hizo a mucha gente umbroso velo;
No igualó en celsitud y en hermosura
Jamás árbol alguno a su figura.
Pero elevóse con su verde cima,
Y sublimó la presunción su pecho,
Desvanecido todo y confiado,
Haciendo de su alteza sólo estima.
Por eso Dios lo derribó deshecho,
A los impíos y ajenos entregado;
Por la raíz cortado;
Que opreso de los montes arrojados,
Sin ramos y sin hojas y desnudo,
Huyeron dél los hombres, espantados,
Que su sombra tuvieron por escudo;
En su ruina y ramos cuantas fueron
Las aves y las fieras se pusieron.
Tú, infanta Libia, en cuya seca arena
Murió el vencido reino lusitano,
Y se acabó su generosa gloria,
No estés alegre y de ufanía llena;
Porque su temerosa y flaca mano
Hubo sin esperanza tal victoria,
Indigna de memoria;
Que si el justo mueve a venganza
Alguna vez el español coraje
Despedazada con aguda lanza,
Compensará muriendo el hecho ultraje;
Y Luco amedrentado, al mar inmenso
Pagará de africana sangre el censo.

Juan de Arguijo

28. *AL GUADALQUIVIR, EN UNA AVENIDA*

Tú, a quien ofrece el apartado polo;
Hasta donde su nombre se dilata,
Preciosos dones de luciente plata.
Que envidia el rico Tajo y el Pactolo;
Para cuya corona, como a solo

Rey de los ríos, entreteje y ata
Palas su oliva con la rama ingrata
Que contempla en tus márgenes Apolo;
  Claro Guadalquivir, si impetüoso
Con crespas ondas y mayor corriente
Cubrieres nuestros campos mal seguros,
  De la mejor ciudad, por quien famoso
Alzas igual al mar la altiva frente,
Respeta humilde los antiguos muros.

29. *LA TEMPESTAD Y LA CALMA*

  Yo vi del rojo sol la luz serena
Turbarse, y que en un punto desparece
Su alegre faz, y en torno se oscurece
El cielo con tiniebla de horror llena.
  El Austro proceloso airado suena,
Crece su furia, y la tormenta crece.
Y en los hombros de Atlante se estremece
El alto Olimpo y con espanto truena;
  Mas luego vi romperse el negro velo
Deshecho en agua y a su luz primera
Restituirse alegre el claro día,
  Y de nuevo esplendor ornado el cielo
Miré, y dije: ¿Quién sabe si le espera
Igual mudanza a la fortuna mía?

30. *LA AVARICIA*

  Castiga el cielo a Tántalo inhumano,
Que en impía mesa su rigor provoca,
Medir queriendo en competencia loca
Saber divino con engaño humano.
  Agua en las aguas busca, y con la mano
El árbol fugitivo casi toca;
Huye el codicioso Erídano a su boca,
Y en vez de fruta toca el aire vano.
  Tú que espantado de su pena, admiras
Que el cercano manjar en largo ayuno
Al gusto falte y a la vida sobre.

¿Cómo de muchos Tántalos no miras
Ejemplo igual? Y si codicias uno,
Mira el avaro, en sus riquezas pobre.

31. *SONETO*

En segura pobreza vive Eumelo
Con dulce libertad, y le mantienen
Las simples aves, que engañadas vienen
A los lazos y liga sin recelo.
Por mejor suerte no importuna al cielo
Ni se muestra envidioso a la que tienen
Los que con ansia de subir sostienen
En flacas alas el incierto vuelo.
Muerte tras luengos años no le espanta,
Ni la recibe con indigna queja,
Mas con sosiego grato y faz amiga.
Al fin, muriendo con pobreza tanta,
Ricos juzga sus hijos, pues les deja
La libertad, las aves y la liga.

Baltasar de Alcázar

32. *UNA CENA*

En Jaén, donde resido,
Vive don Lope de Sosa,
Y diréte, Inés, la cosa
Más brava de él que has oído.
Tenía este caballero
Un criado portugués...
Pero cenemos, Inés,
Si te parece, primero.
La mesa tenemos puesta,
Lo que se ha de cenar junto,
Las tazas del vino a punto,
Falta comenzar la fiesta.
Comience el vinillo nuevo,
Y échole la bendición;
Yo tengo por devoción

De santiguar lo que bebo.
  Franco fue, Inés, este toque;
Pero arrójame la bota,
Vale un florín cada gota
De aqueste vinillo aloque.

  ¿De qué taberna se trajo?
Mas ya... de la del Castillo;
Diez y seis vale el cuartillo;
No tiene vino más bajo.
  Por nuestro Señor, que es mina
La taberna de Alcocer;
Grande consuelo es tener
La taberna por vecina.
  Si es o no invención moderna,
Vive Dios que no lo sé,
Pero delicada fue
La invención de la taberna.
  Porque allí llego sediento,
Pido vino de lo nuevo,
Mídenlo, dánmelo, bebo,
Págolo y voime contento.
  Esto, Inés, ello se alaba,
No es menester alaballo;
Sólo una falta le hallo,
Que con la priesa se acaba.
  La ensalada y salpicón
Hizo fin: ¿qué viene ahora?
La morcilla, ¡oh gran señora,
Digna de veneración!
  ¡Qué oronda viene y qué bella!
¡Qué través y enjundia tiene!
Paréceme, Inés, que viene
Para que demos en ella.
  Pues sús, encójase y entre,
Que es algo estrecho el camino.
No eches agua, Inés, al vino;
No se escandalice el vientre.
  Echa de lo tras añejo,
Porque con más gusto comas;
Dios te guarte, que así tomas,
Como sabia, mi consejo.
  Mas di, ¿no adoras y precias

La morcilla ilustre y rica?
¡Cómo la traidora pica!
Tal debe tener especias.
¡Qué llena está de piñones!
Morcilla de cortesanos,
Y asada por esas manos,
Hechas a cebar lechones.
El corazón me revienta
De placer, no sé de ti.
¿Cómo te va? Yo por mí
Sospecho que estás contenta.
Alegre estoy, vive Dios;
Mas oye un punto sutil:
¿No pusiste allí un candil?
¿Cómo me parecen dos?
Pero son preguntas viles;
Ya sé lo que puede ser:
Con este negro beber
Se acrecientan los candiles.
Probemos lo del pichel,
Alto licor celestial;
No es el aloquillo tal,
Ni tiene que ver con él.
¡Qué suavidad! ¡qué clareza!
¡Qué rancio gusto y olor!
¡Qué paladar! ¡qué color!
¡Todo con tanta fineza!
Mas el queso sale a plaza,
La moradilla va entrando,
Y ambos vienen preguntando
Por el pichel y la taza.
Prueba el queso, que es extremo,
El de Pinto no le iguala;
Pues la aceituna no es mala,
Bien puede bogar su remo.
Haz pues, Inés, lo que sueles,
Daca de la bota llena
Seis tragos; hecha es la cena,
Levántense los manteles.
Ya que, Inés, hemos cenado
Tan bien y con tanto gusto,
Parece que será justo

Volver al cuento pasado.
  Pues sabrás, Inés hermana,
Que el portugués cayó enfermo...
Las once dan, yo me duermo;
Quédese para mañana.

Francisco de Rioja

33. *A LA ROSA*

  Pura, encendida rosa,
Emula de la llama
Que sale con el día,
¿Cómo naces tan llena de alegría
Si sabes que la edad que te da el cielo
Es apenas un breve y veloz vuelo?
Y no valdrán las puntas de tu rama
Ni tu púrpura hermosa
A detener un punto
La ejecución del hado presurosa.
El mismo cerco alado,
Que estoy viendo riente,
Ya temo amortiguado,
Presto despojo de la llama ardiente.
Para las hojas de tu crespo seno
Te dio Amor de sus alas blandas plumas,
Y oro de su cabello dio a tu frente.
¡Oh fiel imagen suya peregrina!
Bañóte en su color sangre divina
De la deidad que dieron las espumas;
Y esto, purpúrea flor, y esto ¿no pudo
Hacer menos violento el rayo agudo?
Róbate en una hora,
Róbate licencioso su ardimiento,
  El color y el aliento;
  Tiendes aun no las alas abrasadas,
  Y ya vuelan al suelo desmayadas.
  Tan cerca, tan unida
  Está al morir tu vida,

Que dudo si en sus lágrimas la aurora
Mustia tu nacimiento o muerte llora.

Rodrigo Caro

34. *A LAS RUINAS DE ITALICA*

Estos, Fabio, ¡ay dolor!, que ves ahora
Campos de soledad, mustio collado,
Fueron un tiempo Itálica famosa;
Aquí de Cipión la vencedora
Colonia fue; por tierra derribado
Yace el temido honor de la espantosa
Muralla, y lastimosa
Reliquia es solamente
De su invencible gente.
Sólo quedan memorias funerales
Donde erraron ya sombras de alto ejemplo;
Este llano fue plaza, allí fue templo;
De todo apenas quedan las señales.
Del gimnasio y las termas regaladas
Leves vuelan cenizas desdichadas;
Las torres que desprecio al aire fueron
A su gran pesadumbre se rindieron.
Este despedazado anfiteatro,
Impío honor de los dioses, cuya afrenta
Publica el amarillo jaramago,
Ya reducido a trágico teatro,
¡Oh fábula del tiempo!, representa
Cuánta fue su grandeza y es su estrago.
¿Cómo en el cerco vago
De su desierta arena
El gran pueblo no suena?
¿Dónde, pues fieras hay, está el desnudo
Luchador? ¿Dónde está el atleta fuerte?
Todo despareció, cambió la suerte
Voces alegres en silencio mudo;
Mas aun el tiempo da en estos despojos
Espectáculos fieros a los ojos

Y miran tan confuso lo presente
Que voces de dolor el alma siente.
Aquí nació aquel rayo de la guerra,
Gran padre de la patria, honor de España,
Pío, felice, triunfador Trajano,
Ante quien muda se postró la tierra
Que ya del sol la cuna y la que baña
El mar, tambien vencido, gaditano.
Aquí de Elio Adriano,
De Teodosio divino,
De Silio peregrino
Rodaron de marfil y oro las cunas.
Aquí ya de laurel, ya de jazmines
Coronados los vieron los jardines,
Que ahora son zarzales y lagunas.
La casa para el César fabricada,
¡Ay!, yace de lagartos vil morada;
Casas, jardines, césares murieron,
Y aun las piedras que de ellos se escribieron.
Fabio, si tú no lloras, pon atenta
La vista en luengas calles destruidas;
Mira mármoles y arcos destrozados,
Mira estatuas soberbias que violenta
Némesis derribó, yacer tendidas,
Y ya en alto silencio sepultados
Sus dueños celebrados.
Así a Troya figuro,
Así a su antiguo muro,
Y a ti, Roma, a quien queda el nombre apenas,
¡Oh patria de los dioses y los reyes!
Y a ti, a quien no valieron justas leyes,
Fábrica de Minerva, sabia Atenas,
Emulación ayer de las edades,
Hoy cenizas, hoy vastas soledades,
Que no os respetó el hado, no la muerte,
¡Ay! ni por sabia a ti, ni a ti por fuerte.
Mas ¿para qué la mente se derrama
En buscar al dolor nuevo argumento?
Basta ejemplo menor, basta el presente
Que aun se ve el humo aquí, se ve la llama,
Aun se oyen llantos hoy, hoy ronco acento,
Tal genio o religión fuerza la mente
De la vecina gente.

Qu refiere admırada
Que en la noche callada
Una voz triste se oye, que, llorando
Cayó Itálica dice, y lastimosa,
Eco reclama Itálica en la hojosa
Selva que se le opone, resonando
Itálica, y el claro nombre oído
De Itálica, renuevan el gemido
Mil sombras nobles de su gran ruina;
¡Tanto aun la plebe a sentimiento inclina!
Esta corta piedad que, agradecido
Huésped, a tus sagrados manes debo,
Les do y consagro, Itálica famosa.
Tú, si llorosa don han admitido
Las ingratas cenizas, de que llevo
Dulce noticia asaz, si lastimosa.
Permíteme, piadosa
Usura a tierno llanto,
Que vea el cuerpo santo
De Geroncio, tu mártir y prelado
Muestra de su sepulcro algunas señas,
Y cavaré su sarcófago sagrado;
Pero mal pido el único consuelo
De todo el bien que airado quitó el cielo.
Goza en las tuyas sus reliquias bellas
Para envidia del mundo y sus estrellas.

Anónimo sevillano

(Probablemente de Fernández de Andrada)

35. *EPISTOLA MORAL*

Fabio, las esperanzas cortesanas
Prisiones son do el ambicioso muere
Y donde al más astuto nacen canas.
El que no las limare o las rompiere,
Ni el nombre de varón ha merecido,
Ni subir al honor que pretendiere.
El ánimo plebeyo y abatido
Elija, en sus intentos temeroso,

Primero estar suspenso que caído:
Que el corazón entero y generoso
Al caso adverso inclinará la frente
Antes que la rodilla al poderoso.
Más triunfos, más coronas dio al prudente
Que supo retirarse, la fortuna,
Que al que esperó obstinada y locamente.
Esta invasión terrible e importuna
De contrarios sucesos nos espera
Desde el primer sollozo de la cuna.
Dejémosla pasar como a la fiera
Corriente del gran Betis, cuando airado
Dilata hasta los montes su ribera.
Aquel entre los héroes es contado
Que el premio mereció, no quien le alcanza
Por vanas consecuencias del estado.
Peculio propio es ya de la privanza
Cuanto de Astrea fue, cuando regía
Con su temida espada y su balanza.
El oro, la maldad, la tiranía
Del inicuo procede y pasa al bueno.
¿Qué espera la virtud o qué confía?
Ven y reposa en el materno seno
De la antigua Romúlea, cuyo clima
Te será más humano y más sereno.
Adonde por lo menos, cuando oprima
Nuestro cuerpo la tierra, dirá alguno:
«Blanda le sea», al derramarla encima;
Donde no dejarás la mesa ayuno
Cuando te falte en ella el pece raro
O cuando su pavón nos niegue Juno.
Busca pues el sosiego dulce y caro,
Como en la obscura noche del Egeo
Busca el piloto el eminente faro;
Que si acortas y ciñes tu deseo
Dirás: «Lo que desprecio he conseguido;
Que la opinión vulgar es devaneo.»
Más precia el ruiseñor su pobre nido
De pulma y leves pajas, más sus quejas
En el bosque repuesto y escondido;
Que halagar lisonjero las orejas
De algun príncipe insigne; aprisionado
En el metal de las doradas rejas.

Triste de aquel que vive destinado
A esa antigua colonia de los vicios,
Augur de los semblantes del privado.
Cese el ansia y la sed de los oficios;
Que acepta el don y burla del intento
El ídolo a quien haces sacrificios.
Iguala con la vida el pensamiento,
Y no le pasarás de hoy a mañana,
Ni quizá de un momento a otro momento.
Casi no tienes ni una sombra vana
De nuestra antigua Itálica, y ¿esperas?
¡Oh error perpetuo de la suerte humana!
Las enseñas grecianas, las banderas
Del senado y romana monarquía
Murieron y pasaron sus carreras.
¿Qué es nuestra vida más que un breve día
Do apena sale el sol cuando se pierde
En las tinieblas de la noche fría?
¿Qué más que el heno, a la mañana verde,
Seco a la tarde? ¡Oh ciego desvarío!
¿Será que de este sueño me recuerde?
¿Será que pueda ver que me desvío
De la vida viviendo, y que está unida
La cauta muerte al simple vivir mío?
Como los ríos, que en veloz corrida
Se llevan a la mar, tal soy llevado
Al último suspiro de mi vida.
De la pasada edad ¿qué me ha quedado?
O ¿qué tengo yo, a dicha, en la que espero,
Sin ninguna noticia de mi hado?
¡Oh, si acabase, viendo cómo muero,
De aprender a morir antes que llegue
Aquel forzoso término postrero;
Antes que aquesta mies inútil siegue
De la severa muerte dura mano,
Y a la común materia se la entregue!
Pasáronse las flores del verano,
El otoño pasó con sus racimos,
Pasó el invierno con sus nieves cano;
Las hojas que en las altas selvas vimos
Cayeron, ¡y nosotros a porfía
En nuestro engaño inmóviles vivimos!

Temamos al Señor que nos envía
Las espigas del año y la hartura,
Y la temprana pluvia y la tardía.
No imitemos la tierra siempre dura
A las aguas del cielo y al arado,
Ni la vid cuyo fruto no madura.
¿Piensas acaso tú que fue criado
El varón para rayo de la guerra,
Para surcar el piélago salado,
Para medir el orbe de la tierra
Y el cerco donde el sol siempre camina?
¡Oh, quien así lo entiende, cuánto yerra!
Esta nuestra porción, alta y divina,
A mayores acciones es llamada
Y en más nobles objetos se termina.
Así aquella que al hombre sólo es dada,
Sacra razón y pura, me despierta,
De esplendor y de rayos coronada;
Y en la fría región dura y desierta
De aqueste pecho enciende nueva llama,
Y la luz vuelve a arder que estaba muerta.
Quiero, Fabio, seguir a quien me llama,
Y callado, pasar entre la gente.
Que no afecto los nombres ni la fama.
El soberbio tirano del Oriente
Que maciza las torres de cien codos
Del cándido metal puro y luciente
Apenas puede ya comprar los modos
Del pecar; la virtud es más barata,
Ella consigo misma ruega a todos.
¡Pobre de aquel que corre y se dilata
Por cuantos son los climas y los mares,
Perseguidor del oro y de la plata!
Un ángulo me basta entre mis lares,
Un libro y un amigo, un sueño breve,
Que no perburben deudas ni pesares,
Esto tan solamente es cuanto debe
Naturaleza al simple y al discreto,
Y algún manjar común, honesto y leve.
No porque así te escribo, hagas conceto
Que pongo la virtud en ejercicio:
Que aun esto fue difícil a Epicteto.

Basta al que empieza aborrecer el vicio.
Y el ánimo enseñar a ser modesto;
Después le será el cielo más propicio.
Despreciar el deleite no es supuesto
De sólida virtud; que aun el vicioso
En sí propio le nota de molesto.
Mas no podrás negarme cuán forzoso
Este camino sea el alto asiento,
Morada de la paz y del reposo.
No sazona la fruta en un momento
Aquella inteligencia que mensura
La duración de todo a su talento.
Flor la vimos primero hermosa y pura,
Luego materia acerba y desabrida,
Y perfecta después, dulce y madura;
Tal la humana prudencia es bien que mida
Y dispense y comparta las acciones
Que han de ser compañeras de la vida.
No quiera Dios que imite estos varones
Que moran nuestras plazas macilentos,
Que la virtud infames histrïones;
Esos inmundos trágicos, atentos
Al aplauso común, cuyas entrañas
Son infaustos y oscuros monumentos.
¡Cuán callada que pasa las montañas
El aura, respirando mansamente!
¡Qué gárrula y sonante por las cañas!
¡Qué muda la virtud por el prudente!
¡Qué redundante y llena de ruido
Por el vano, ambicioso y aparente!
Quiero imitar al pueblo, en el vestido,
En las costumbres sólo a los mejores,
Sin presumir de roto y mal ceñido.
No resplandezca el oro y los colores
En nuestro traje, ni tampoco sea
Igual al de los dóricos cantores.
Una mediana vida yo posea,
Un estilo común y moderado,
Que no lo note nadie que lo vea.
En el plebeyo barro mal tostado
Hubo ya quien bebió tan ambicioso
Como en el vaso múrrimo preciado;

Y alguno tan ilustre y generoso
Que usó, como si fuera plata neta,
Del cristal transparente y luminoso.
Sin la templanza ¿viste tú perfeta
Alguna cosa? ¡Oh muerte! Ven callada,
Como sueles venir en la saeta,
No en la tonante máquina preñada
De fuego y de rumor; que no es mi puerta
De doblados metales fabricada.
Así, Fabio, me muestra descubierta
Su esencia la verdad, y mi albedrío
Con ella se compone y se concierta.
No te burles de ver cuánto confío,
Ni al arte de decir, vana y pomposa,
El ardor atribuyas de este brío.
¿Es por ventura menos poderosa
Que el vicio la virtud? ¿Es menos fuerte?
No la arguyas de flaca y temerosa.
La codicia en las manos de la suerte
Se arroja al mar, la ira a las espadas,
Y la ambición se ríe de la muerte.
Y ¿no serán siquiera tan osadas
Las opuestas acciones, si las miro
De más ilustres genios ayudadas?
Ya, dulce amigo, huyo y me retiro
De cuanto simple amé; rompí los lazos.
Ven y verás al alto fin que aspiro,
Antes que el tiempo muera en nuestros brazos.

Lupercio Leonardo de Argensola

36. *A LA ESPERANZA*

Alivia, sus fatigas
El labrador cansado
Cuando su yerta barba escarcha cubre,
Pensando en las espigas
Del agosto abrasado

Y en los lagares ricos del octubre;
La hoz se le descubre
Cuando el arado apaña,
Y con dulces memorias le acompaña.
  Carga de hierro duro
Sus miembros, y se obliga
El joven al trabajo de la guerra.
Huye el ocio seguro,
Trueca por la enemiga
Su dulce, natural y amiga tierra;
Mas cuando se destierra
O al asalto acomete,
Mil triunfos y mil glorias se promete.
  La vida al mar confía,
Y a dos tablas delgadas,
El otro, que del oro está sediento.
Escóndesele el día,
Y las olas hinchadas
Suben a combatir el firmamento;
El quita el pensamiento
De la muerte vecina,
Y en el oro pone y en la mina.
Deja el lecho caliente
Con la esposa dormida
El cazador solícito y robusto
Sufre el cierzo inclemente,
La nieve endurecida,
Y tiene de su afán por premio justo
Interrumpir el gusto
Y la paz de las fieras
En vano cautas, fuertes y ligeras.
  Premio y cierto fin tiene
Cualquier trabajo humano,
Y el uno llama al otro sin mudanza;
El invierno entretiene
La opinión del verano,
Y un tiempo sirve al otro de templanza.
El bien de la esperanza
Solo quedó en el suelo,
Cuando todos huyeron para el cielo.
  Si la esperanza quitas,
¿Qué le dejas al mundo?

Su máquina disuelves y destruyes;
Todo lo precipitas
En olvido profundo,
Y ¿del fin natural, Flérida, huyes?
Si la cerviz rehuyes
De los brazos amados,
¿Qué premio piensas dar a los cuidados?
Amor, en diferentes
Géneros dividido,
El publica su fin, y quien le admite.
Todos los accidentes
De un amante atrevido
(Niéguelo o disimúlelo) permite.
Limite pues, limite
La vana resistencia;
Que, dada la ocasión, todo es licencia.

37. *AL SUEÑO*

Imagen espantosa de la muerte
Sueño crüel, no turbes más mi pecho,
Mostrándome cortado el nudo estrecho,
Consuelo sólo de mi adversa suerte.
Busca de algún tirano el muro fuerte,
De jaspe las paredes, de oro el techo,
O el rico avaro en el angosto lecho
Haz que temblando con sudor despierte.
El uno vea el popular tumulto
Romper con furia las herradas puertas,
O al sobornado siervo el hierro oculto.
El otro sus riquezas, descubiertas
Con llave falsa o con violento insulto,
Y déjale al amor sus glorias ciertas.

38. *LA VIDA EN EL CAMPO*

Llevó tras sí los pámpanos octubre,
Y con las grandes lluvias insolente,
No sufre Ibero márgenes ni puente,

Mas antes los vecinos campos cubre.
Moncayo, como suele, ya descubre
Coronada de nieve la alta frente;
Y el sol apenas vemos en oriente,
Cuando la opaca tierra nos lo encubre.
Sienten el mar y selvas ya la saña
Del Aquilón, y encierra su bramido
Gente en el puerto y gente en la cabaña.
Y Fabio, en el umbral de Tais tendido
Con vergonzosas lágrimas lo baña,
Debiéndolas al tiempo que ha perdido.

Bartolomé Leonardo de Argensola

39. *LA PROVIDENCIA*

«Dime, Padre común, pues eres justo,
¿Por qué ha de permitir tu providencia
Que, arrastrando prisiones la inocencia,
Suba la fraude a tribunal augusto?
»¿Quién da fuerzas al brazo que robusto
Hace a tus leyes firme resistencia,
Y que el cielo, que más la reverencia,
Gima a los pies del vencedor injusto?
»Vemos que vibran victoriosas palmas
Manos inicuas, la virtud gimiendo
De triunfo en el injusto regocijo.»
Esto decía yo, cuando riendo
Celestial ninfa apareció, y me dijo:
«¡Ciego! ¿es la tierra el centro de las almas?»

Lope de Vega

40. *CANCION*

¡Oh libertad preciosa,
No comparada al oro,
Ni al bien mayor de la espaciosa tierra!
Más rica y más gozosa
Que el precioso tesoro
Que el mar del sur entre su nácar cierra;
Con armas, sangre y guerra,
Con las vidas y famas,
Conquistada en el mundo;
Paz dulce, amor profundo,
Que el mar apartas y a tu bien nos llamas;
En ti sola se anida
Oro, tesoro, paz, bien, gloria y vida.

Cuando de las humanas
Tinieblas vi del cielo
La luz, principio de mis dulces días,
Aquellas tres hermanas
Que nuestro humano velo
Tejiendo, llevan por inciertas vías,
Las duras penas mías
Trocaron en la gloria
Que en libertad poseo,
Con siempre igual deseo,
Donde verá por mi dichosa historia,
Quien más leyere en ella,
Que es dulce libertad lo menos della.

Yo pues, señor exento
Desta montaña y prado,
Gozo la gloria y libertad que tengo.
Soberbio pensamiento
Jamás ha derribado
La vida humilde y pobre que sostengo.
Cuando a las manos vengo
Con el muchacho ciego.
Haciendo rostro embisto,
Venzo, triunfo y resisto
La flecha, el arco, la ponzoña, el fuego,

Y con libre albedrío
Lloro el ajeno mal y canto el mío.
  Cuando el aurora baña
Con helado rocío
De aljófar celestial el monte y prado,
Salgo de mi cabaña,
Riberas deste río,
A dar el nuevo pasto a mi ganado,
Y cuando el sol dorado
Muestra sus fuerzas graves,
Al sueño el pecho inclino
Debajo un sauce o pino,
O ya gozando el aura,
Oyendo el son de las parleras aves,
Donde el perdido aliento se restaura.
  Cuando la noche oscura
Con su estrellado manto
El claro día en su tiniebla encierra,
Y suena en la espesura
El tenebroso canto
De los nocturnos hijos de la tierra,
Al pie de aquesta sierra
Con rústicas palabras
Mi ganadillo cuento
Y el corazón contento
Del gobierno de ovejas y de cabras,
La temerosa cuenta
Del cuidadoso rey me representa.
  Aquí la verde pera
Con la manzana hermosa,
De gualda y roja sangre matizada,
Y de color de rosa.
La cermeña olorosa
Tengo, y la endrina de color morada;
Aquí de la enramada
Parra que al olmo enlaza,
Melosas uvas cojo;
Y en cantidad recojo,
Al tiempo que las ramas desenlaza
El caluroso estío,
Membrillos que coronan este río.
  No me da descontento
El hábito costoso

Que del lascivo el pecho noble infama;
Es mi dulce sustento
Del campo generoso
Estas silvestres frutas que derrama;
Mi regalada cama
De blandas pieles y hojas,
Que algún rey la envidiara,
Y de ti, fuente clara,
Que bullendo, el arena y agua arrojas,
Estos cristales puros,
Sustentos pobres, pero bien seguros.

Estése el cortesano
Procurando a su gusto
La blanda cama y el mejor sustento;
Bese la ingrata mano
Del poderoso injusto,
Formando torres de esperanza al viento;
Viva y muera sediento
Por el honroso oficio,
Y goce yo del suelo,
Al aire, al sol y al hielo,
Ocupado en mi rústico ejercicio;
Que más vale pobreza
En paz, que en guerra mísera riqueza.

Ni temo al poderoso
Ni al rico lisonjero,
Ni soy camaleón del que gobierna,
Ni me tiene envidioso
La ambición y deseo
De ajena gloria ni de fama eterna;
Carne sabrosa y tierna,
Vino aromatizado,
Pan blanco de aquel día,
En prado, en fuente fría,
Halla un pastor con hambre fatigado;
Que el grande y el pequeño
Somos iguales lo que dura el sueño.

41. [*ROMANCE*]

A mis soledades voy,
De mis soledades vengo,
Porque para andar conmigo
Me bastan mis pensamientos.
¡No sé qué tiene la aldea
Donde vivo y donde muero,
Que con venir de mí mismo
No puedo venir más lejos!
Ni estoy bien ni mal conmigo;
Mas dice mi entendimiento
Que un hombre que todo es alma
Está cautivo en su cuerpo.
Entiendo lo que me basta,
Y solamente no entiendo
Cómo se sufre a sí mismo
Un ignorante soberbio.
De cuantas cosas me cansan,
Fácilmente me defiendo;
Pero no puedo guardarme
De los peligros de un necio.
El dirá que yo lo soy,
Pero con falso argumento;
Que humildad y necedad
No caben en un sujeto.
La diferencia conozco,
Porque en él y en mí contemplo,
Su locura en su arrogancia,
Mi humildad en su desprecio.
O sabe naturaleza
Más que supo en otro tiempo,
O tantos que nacen sabios
Es porque lo dicen ellos.
«Sólo sé que no sé nada»,
Dijo un filósofo, haciendo
La cuenta con su humildad,
Adonde lo más es menos.
No me precio de entendido,
De desdichado me precio;
Y que ha de romperse presto.

Que los que no son dichosos,
¿Cómo pueden ser discretos?
No puede durar el mundo,
Porque dicen, y lo creo,
Que suena a vidrio quebrado
Y que ha de romperse presto.
Señales son el juïcio
Ver que todos le perdemos,
Unos por carta de más,
Otros por carta de menos.
Dijeron que antiguamente
Se fue la verdad al cielo:
Tal la pusieron los hombres
Que desde entonces no ha vuelto.
En dos edades vivimos
Los propios y los ajenos,
La de plata los extraños,
Y la de cobre los nuestros.
¿A quién no dará cuidado,
Si es español verdadero,
Ver los hombres a lo antiguo
Y el valor a lo moderno?
Todos andan bien vestidos
Y quejánse de los precios;
De medio arriba, romano,
De medio abajo, romeros.
Dijo Dios que comería
Su pan el hombre primero
Con el sudor de su cara,
Por quebrar su mandamiento;
Y algunos inobedientes
A la vergüenza y al miedo,
Con las prendas de su honor
Han trocado los efectos.
Virtud y filosofía
Peregrinan como ciegos:
El uno se lleva al otro,
Llorando van y pidiendo.
Dos polos tiene la tierra,
Universal movimiento,
La mejor vida el favor,
La mejor sangre el dinero.
Oigo tañer las campanas,

Y no me espanto, aunque puedo,
Que en lugar de tantas cruces
Haya tantos hombres muertos.
Mirando estoy los sepulcros
Cuyos mármoles eternos
Están diciendo sin lengua
Que no lo fueron sus dueños.
¡Oh, bien haya quien los hizo,
Porque solamente en ellos
De los poderosos grandes
Se vengaron los pequeños!
Fea pintan a la envidia:
Yo confieso que la tengo
De unos hombres que no saben
Quién vive pared en medio.
Sin libros y sin papeles,
Sin tratos, cuentas ni cuentos,
Cuando quieren escribir
Piden prestado el tintero.
Sin ser pobres ni ser ricos,
Tienen chimenea y huerto;
No los despiertan cuidados,
Ni pretensiones, ni pleitos.
Ni murmuraron del grande,
Ni ofendieron al pequeño;
Nunca, como yo, firmaron
Parabién, ni pascua dieron.
Con esta envidia que digo,
Y lo que paso en silencio,
A mis soledades voy,
De mis soledades vengo.

42. [*LA BARQUILLA*]

¡Pobre barquilla mía,
Entre peñascos rota,
Sin velas desvelada,
Y entre las olas sola!
¿Adónde vas perdida?
¿Adónde, di, te engolfas?
Que no hay deseos cuerdos
Con esperanzas locas.

Como las altas naves,
Te apartas animosa
De la vecina tierra,
Y al fiero mar te arrojas.
Igual en las fortunas,
Mayor en las congojas,
Pequeña en las defensas,
Incitas a las ondas.
Advierte que te llevan
A dar entre las rocas
De la soberbia envidia,
Naufragio de las honras.
Cuando por las riberas
Andabas costa a costa,
Nunca del mar temiste
Las iras procelosas.
Segura navegabas;
Que por la tierra propia
Nunca el peligro es mucho
Adonde el agua es poca.
Verdad es que en la patria
No es la virtud dichosa,
Ni se estima la perla
Hasta dejar la concha.
Dirás que muchas barcas
Con el favor en popa,
Saliendo desdichadas,
Volvieron venturosas.
No mires los ejemplos
De las que van y tornan,
Que a muchas ha perdido
La dicha de las otras.
Para los altos mares
No llevas, cautelosa,
Ni velas de mentiras,
Ni remos de lisonjas.
¿Quién te engañó, barquilla?
Vuelve, vuelve la proa;
Que presumir de nave
Fortunas ocasionan.
¿Qué jarcias te entretejen?
¿Qué ricas banderolas
Azote son del viento

Y de las aguas sombra?
¿En qué gavia descubres
Del árbol alta copa,
La tierra en perspectiva,
Del mar incultas orlas?
¿En qué celajes fundas
Que es bien echar la sonda,
Cuando, perdido el rumbo,
Erraste la derrota?
Si te sepulta arena,
¿Qué sirve fama heroica?
Que nunca desdichados
Sus pensamientos logran.
¿Qué importa que te ciñan
Ramas verdes o rojas,
Que en selvas de corales
Salado césped brota?
Laureles de la orilla
Solamente coronan
Navíos de alto bordo
Que jarcias de oro adornan.
No quieras que yo sea,
Por tu soberbia pompa,
Faetonte de barqueros
Que los laureles lloran.
Pasaron ya los tiempos
Cuando lamiendo rosas
El céfiro bullía
Y suspiraba aromas.
Ya fieros huracanes
Tan arrogantes soplan
Que, salpicando estrellas,
De sol la frente mojan;
Ya los valientes rayos
De la vulcana forja,
En vez de torres altas,
Abrasan pobres chozas.
Contenta con tus redes,
A la playa arenosa
Mojado me sacabas;
Pero vivo, ¿qué importa?
Cuando de rojo nácar
Se afeitaba la aurora,

Más peces te llenaban
Que ella lloraba aljófar.
Al bello sol que adoro,
Enjuta ya la ropa,
Nos daba una cabaña
La cama de sus hojas.
Esposo me llamaba,
Yo la llamaba esposa,
Parándose de envidia
La celestial antorcha.
Sin pleito, sin disgusto,
La muerte nos divorcia:
¡Ay de la pobre barca
Que en lágrimas se ahoga!
Quedad sobre la arena,
Inútiles escotas;
Que no ha menester velas
Quien a su bien no torna.
Si con eternas plantas
Las fijas luces doras,
¡Oh dueño de mi barca!
Y en dulce paz reposas.
Merezca que le pidas
Al bien que eterno gozas,
Que adonde estás, me lleve,
Más pura y más hermosa.
Mi honesto amor te obligue;
Que no es digna victoria
Para quejas humanas
Ser las deidades sordas.
Mas ¡ay que no me escuchas!
Pero la vida es corta:
Viviendo, todo falta;
Muriendo, todo sobra.

43. *JUDIT*

Cuelga sangriento de la cama al suelo
El hombro diestro del feroz tirano,
Que opuesto al muro de Betulia en vano,
Despidió contra sí rayos al cielo.

Revuelto con el ansia el rojo velo
Del pabellón a la siniestra mano,
Descubre el espectáculo inhumano
Del tronco horrible, convertido en hielo.
Vertido Baco, el fuerte arnés afea
Los vasos y la mesa derribada,
Duermen los guardas, que tan mal emplea;
Y sobre la muralla, coronada
Del pueblo de Israel, la casta hebrea
Con la cabeza resplandece armada.

44. *SONETO*

Suelta mi manso, mayoral extraño,
Pues otro tienes tú de igual decoro:
Suelta la prenda que en el alma adoro,
Perdida por tu bien y por mi daño.
Ponle su esquila de labrado estaño,
Y no le engañen tus collares de oro:
Toma en albricias este blanco toro
Que a las primeras yerbas cumple un año.
Si pides señas, tiene el vellocino
Pardo, encrespado, y los ojuelos tiene
Como durmiendo en regalado sueño
Si piensas que no soy su dueño, Alcino,
Suelta, y veráslе si a mi choza viene;
Que aun tienen sal las manos de su dueño.

45. *SONETO*

¿Qué tengo yo, que mi amistad procuras?
¿Qué interés se te sigue, Jesús mío,
Que a mi puerta, cubierto de rocío,
Pasas las noches del invierno oscuras?
¡Oh cuánto fueron mis entrañas duras,
Pues no te abrí! ¡Qué extraño desvarío
Si de mi ingratitud el hielo frío
Secó las llagas de tus plantas puras!
¡Cuántas veces el ángel me decía:
«Alma, asómate ahora a la ventana;

Verás con cuánto amor llamar porfía!»
Y ¡cuántas, hermosura soberana,
«Mañana le abriremos», respondía,
Para lo mismo responder mañana!

46. *SONETO*

Pastor, que con tus silbos amorosos
Me despertaste del profundo sueño;
Tú, que hiciste cayado dese leño
En que tiendes los brazos poderosos;
Vuelve los ojos a mi fe piadosos,
Pues te confieso por mi amor y dueño,
Y la palabra de seguirte empeño
Tus dulces silbos y tus pies hermosos.
Oye, Pastor que por amores mueres,
No te espante el rigor de mis pecados,
Pues tan amigo de rendidos eres;
Espera pues, y escucha mis cuidados;
Pero ¿cómo te digo que me esperes,
Si estás para esperar los pies clavados?

47. *TEMORES EN EL FAVOR*

Cuando en mis manos, Rey eterno, os miro,
Y la cándida víctima levanto,
De mi atrevida indignidad me espanto,
Y la piedan de vuestro pecho admiro.
Tal vez el alma con temor retiro,
Tal vez la doy al amoroso llanto;
Que, arrepentido de ofenderos tanto,
Con ansias temo y con dolor suspiro.
Volved los ojos a mirarme humanos;
Que por las sendas de mi error siniestras
Me despeñaron pensamientos vanos.
No sean tantas las miserias nuestras
Que a quien os tuvo en sus indignas manos
Vos le dejéis de las divinas vuestras.

Luis de Góngora

48. *ROMANCE DE ANGELICA Y MEDORO*

En un pastoral albergue
Que la guerra entre unos robles
Lo dejó por escondido
O lo perdonó por pobre,
Do la paz viste pellico
Y conduce entre pastores
Ovejas del monte al llano
Y cabras del llano al monte,
Mal herido y bien curado,
Se alberga un dichoso joven,
Que sin clavarle Amor flecha
Le coronó de favores.
Las venas con poca sangre,
Los ojos con mucha noche,
Lo halló en el campo aquella
Vida y muerte de los hombres.
Del palafrén se derriba,
No porque al moro conoce,
Sino por ver que la yerba
Tanta sangre paga en flores.
Límpiale el rostro, y la mano
Siente al Amor que se esconde
Tras las rosas, que la muerte
Va violando sus colores.
Escondióse tras las rosas,
Porque labren sus arpones
El diamante del Catay
Con aquella sangre noble.
Ya le regala los ojos,
Ya le entra, sin ver por dónde,
Una piedad mal nacida
Entre dulces escorpiones.
Ya es herido el pedernal,
Ya despide el primer golpe
Centellas de agua, ¡oh piedad,

Hija de padres traidores!
Yerbas le aplica a sus llagas,
Que si no sanan entonces,
En virtud de tales manos
Lisonjean los dolores.
Amor le ofrece su venda,
Mas ella sus velos rompe
Para ligar sus heridas;
Los rayos del sol perdonen.
Los últimos nudos daba
Cuando el cielo la socorre
De un villano en una yegua
Que iba penetrando el bosque.
Enfrénanle de la bella
Las tristes piadosas voces,
Que los firmes troncos mueven
Y las sordas piedras oyen;
Y la que mejor se halla
En las selvas que en la corte,
Simple bondad, al pío ruego
Cortésmente corresponde.
Humilde se apea el villano
Y sobre la yegua pone
Un cuerpo con poca sangre,
Pero con dos corazones.
A su cabaña los guía;
Que el sol deja su horizonte
Y el humo de su cabaña
Le va sirviendo de norte.
Llegaron temprano a ella,
Do una labradora acoge
Un mal vivo con dos almas,
Una ciega con dos soles.
Blando heno en vez de pluma
Para lecho les compone,
Que será tálamo luego
Do el garzón sus dichas logre.
Las manos, pues, cuyos dedos
Desta vida fueron dioses,
Restituyen a Medoro
Salud nueva, fuerzas dobles,
Y le entregan, cuando menos,

Su beldad y un reino en dote,
Segunda envidia de Marte,
Primera dicha de Adonis.
  Corona un lascivo enjambre
De cupidillos menores
La choza, bien como abejas
Hueco tronco de alcornoque.
  ¡Qué de nudos le está dando
A un áspid la envidia torpe,
Contando de las palomas
Los arrullos gemidores!
  ¡Qué bien la destierra Amor,
Haciendo la cuerda azote,
Porque el caso no se infame
Y el lugar no se inficione!
  Todo es gala el africano,
Su vestido espira olores,
El lunado arco suspende
Y el corvo alfanje depone,
  Tórtolas enamoradas
Son sus roncos atambores.
Y los volantes de Venus
Sus bien seguidos pendones.
  Desnuda el pecho anda ella,
Vuela el cabello sin orden;
Si lo abrocha, es con claveles,
Con jazmines si lo coge.
  El pie calza en lazos de oro,
Porque la nieve se goce,
Y no se vaya por pies
La hermosura del orbe.
  Todo sirve a los amantes,
Plumas les baten veloces,
Airecillos lisonjeros,
Si no son murmuradores.
  Los campos les dan alfombras,
Los árboles pabellones,
La apacible fuente sueño,
Música los ruiseñores.
  Los troncos les dan cortezas,
En que se guarden sus nombres
Mejor que en tablas de mármol
O que en lágrimas de bronce.

No hay verde fresno sin letra,
Ni blanco chopo sin mote;
Si un valle Angélica suena,
Otro Angélica responde.
Cuevas do el silencio apenas
Deja que sombras las moren,
Profanan con sus abrazos
A pesar de sus horrores.
Choza, pues, tálamo y lecho,
Cortesanos labradores,
Aires, campos, fuentes, vegas,
Cuevas, troncos, aves, flores,
Fresnos chopos, montes, valles,
Contestes destos amores,
El cielo os guarde, si puede,
De las locuras del Conde.

49. *ROMANCE*

Servía en Orán al Rey
Un español con dos lanzas,
Y con el alma y la vida
A una gallarda africana,
Tan noble como hermosa,
Tan amante como amada,
Con quien estaba una noche
Cuando tocaron al arma.
Trescientos Zenetes eran
Deste rebato la causa;
Que los rayos de la luna
Descubrieron las adargas;
Las adargas avisaron
A las mudas atalayas,
Las atalayas los fuegos,
Los fuegos a las campanas;
Y ellas al enamorado,
Que en los brazos de su dama
Oyó el militar estruendo
De las trompas y las cajas.
Espuelas de honor le pican
Y freno de amor le para;
No salir es cobardía,

Ingratitud es dejarla.
  Del cuello pendiente ella,
Viéndole tomar la espada,
Con lágrimas y suspiros
Le dice aquestas palabras:
  «Salid al campo, Señor,
Bañen mis ojos la cama;
Que ella me será también,
Sin vos, campo de batalla.
  »Vestíos y salid apriesa,
Que el general os aguarda;
Yo os hago a vos mucha sobra
Y vos a él mucha falta.
  »Bien podéis salir desnudo
Pues mi llanto no os ablanda;
Que tenéis de acero el pecho
Y no habéis menester armas.»
  Viendo el español brioso
Cuánto le detiene y habla,
Le dice así: «Mi señora,
Tan dulce como enojada,
  »Porque con honra y amor
Yo me quede, cumpla y vaya,
Vaya a los moros el cuerpo,
Y quede con vos el alma.
  »Concededme, dueña mía,
Licencia para que salga
Al rebato en vuestro nombre,
Y en vuestro nombre combata.»

50. *ROMANCE*

  Entre los sueltos caballos
De los vencidos Zenetes,
Que por el campo buscaban
Entre lo rojo lo verde,
  Aquel español de Orán
Un suelto caballo prende,
Por sus relinchos lozano
Y por sus cernejas fuerte,
  Para que lo lleve a él,
Y a un moro cautivo lleve,

Que es uno que ha cautivado,
Capitán de cien Zenetes.
  En el ligero caballo
Suben ambos, y él parece,
De cuatro espuelas herido,
Que cuatro vientos lo mueven.
  Triste camina el alarbe,
Y lo más bajo que puede
Ardientes suspiros lanza
Y amargas lágrimas vierte.
  Admirado el español
De ver cada vez que vuelve
Que tan tiernamente llore
Quien tan duramente hiere,
  Con razones le pregunta
Comedidas y corteses
De sus suspiros la causa,
Si la causa lo consiente.
  El cautivo, como tal,
Sin excusarlo, obedece,
Y a su piadosa demanda
Satisface desta suerte:
  «Valiente eres, capitán.
Y cortés como valiente;
Por tu espada y por tu trato
Me has cautivado dos veces.
  »Preguntado me has la causa
De mis suspiros ardientes,
Y débote la respuesta
Por quien soy y por quien eres.
  »Yo nací en Gelves el año
Que os perdisteis en los Gelves,
De una berberisca noble
Y de un turco mata-siete.
  »En Tremecén me crié
Con mi madre y mis parientes
Después que murió mi padre,
Corsario de tres bajeles.
  »Junto a mi casa vivía,
Porque más cerca muriese,
Una dama del linaje
De los nobles Melioneses:
  »Extremo de las hermosas,

Cuando no de las crüeles,
Hija al fin destas arenas
Engendradoras de sierpes.
»Era tal su hermosura,
Que se hallaran claveles
Más ciertos en sus dos labios
Que en los dos floridos meses.
»Cada vez que la miraba
Salía el sol por su frente,
De tantos rayos vestidos
Cuantos cabellos contiene.
»Juntos así nos criamos,
Y Amor en nuestras niñeces
Hirió nuestros corazones
Con arpones diferentes.
»Labró el oro en mis entrañas
Dulces lazos, tiernas redes,
Mientras el plomo en las suyas
Libertades y desdenes.
»Mas, ya la razón sujeta,
Con palabras me requiere
Que su crueldad le perdone
Y de su beldad me acuerde;
»Y apenas vide trocada
La dureza desta sierpe,
Cuando tú me cautivaste;
Mira si es bien que lamente.
»Esta, español, es la causa
Que a llanto pudo moverme;
Mira si es razón que llore
Tantos males juntamente.»
Conmovido el capitán
De las lágrimas que vierte,
Parando el veloz caballo,
Que paren sus males quiere.
«Gallardo moro, le dice,
Si adoras como refieres,
Y si como dices amas,
Dichosamente padeces.
»¿Quién pudiera imaginar,
Viendo tus golpes crueles,
Que cupiera alma tan tierna
En pecho tan duro y fuerte?

»Si eres del Amor cautivo,
Desde aquí puedes volverte;
Que me pedirán por robo
Lo que entendí que era suerte.
»Y no quiero por rescate
Que tu dama me presente
Ni las alfombras más finas
Ni las granas más alegres.
»Anda con Dios, sufre y ama,
Y vivirás si lo hicieres,
Con tal que cuando la veas
Pido que de mí te acuerdes.»
Apeóse del caballo,
Y el moro tras él desciende,
Y por el suelo postrado,
La boca a sus pies ofrece.
«Vivas mil años, le dice,
Noble capitán, valiente,
Que ganas más con librarme
Que ganaste con prenderme.
»Alá se quede contigo
Y te dé victoria siempre
Para que extiendas tu fama
Con hechos tan excelentes.»

51. *LETRILLA*

Ande yo caliente,
Y ríase la gente.

Traten otros del gobierno
Del mundo y sus monarquías,
Mientras gobiernan mis días
Mantequillas y pan tierno,
Y las mañanas de invierno
Naranjada y aguardiente,
Y ríase la gente.

Coma en dorada vajilla
El príncipe mil cuidados
Como píldoras dorados;
Que yo en mi pobre mesilla

Quiero más una morcilla
Que en el asador reviente,
Y ríase la gente.

Cuando cubra las montañas
De plata y nieve el enero
Tenga yo lleno el brasero
De bellotas y castañas,
Y quien las dulces patrañas
Del rey que rabió me cuente,
Y ríase la gente.

Busque muy en hora buena
El mercader nuevos soles;
Yo conchas y caracoles
Entre la menuda arena,
Escuchando a Filomena
Sobre el chopo de la fuente,
Y ríase la gente.

Pase a medianoche el mar,
Y arda en amorosa llama
Leandro por ver su dama;
Que yo más quiero pasar
De Yepes a Madrigar
La regalada corriente,
Y ríase la gente.

Pues Amor es tan crüel
Que de Píramo y su amada
Hace tálamo una espada,
Do se junten a ella y él,
Sea mi Tisbe un pastel,
Y la espada sea mi diente,
Y ríase la gente.

52. *LETRILLA*

La más bella niña
De nuestro lugar,
Hoy viuda y sola
Y ayer por casar,
Viendo que sus ojos

A la guerra van,
A su madre dice
Que escucha su mal:
Dejadme llorar
Orillas del mar.

Pues me disteis, madre,
En tan tierna edad
Tan corto el placer,
Tan largo el penar,
Y me cautivasteis
De quien hoy se va
Y lleva las llaves
De mi libertad,
Dejadme llorar
Orillas del mar.

En llorar conviertan
Mis ojos de hoy más
El sabroso oficio
Del dulce mirar,
Pues que no se pueden
Mejor ocupar
Yéndose a la guerra
Quien era mi paz.
Dejadme llorar
Orillas del mar.

No me pongáis freno
Ni queráis culpar;
Que lo uno es justo,
Lo otro por demás.
Si me queréis bien
No me hagáis mal;
Harto peor fuera
Morir y callar.
Dejadme llorar
Orillas del mar.

Dulce madre mía,
¿Quién no llorará,
Aunque tenga el pecho
Como un pedernal,
Y no dará voces
Viendo marchitar
Los más verdes años

De mi mocedad?
Dejadme llorar
Orillas del mar.
  Váyanse las noches,
Pues ido se han
Los ojos que hacían
Los míos velar;
Váyanse, y no vean
Tanta soledad
Después que en mi lecho
Sobra la mitad.
Dejadme llorar
Orillas del mar.

Francisco de Quevedo

53. *AL SUEÑO*

¿Con qué culpa tan grave,
Sueño blando y süave,
Puede en largo destierro merecerte
Que se aparte de mí tu olvido manso?
Pues no te busco yo por ser descanso,
Sino por muda imagen de la muerte.
Cuidados veladores
Hacen inobedientes mis dos ojos
A la ley de las horas:
No han podido vencer a mis dolores
Las noches, ni dar paz a mis enojos.
Madrugan más en mí que en las auroras
Lágrimas a este llano;
Que amanece a mi mal siempre temprano;
Y tanto, que persuade la tristeza
A mis dos ojos, que nacieron antes
Para llorar que para ver. Tú, sueño,
De sosiego los tienes ignorantes,
De tal manera, que al morir el día
Con luz enferma vi que permitía
El sol que le mirasen en Poniente.
  Con pies torpes al punto, ciega y fría,

Cayó de las estrellas blandamente
La noche, tras las pardas sombras mudas,
Que el sueño persuadieron a la gente.
Escondieron las galas a los prados
Y quedaron desnudas
Estas laderas y sus peñas solas:
Duermen ya entre sus montes recostados
Los mares y las olas.
Si con algún acento
Ofenden las orejas,
Es que entre sueños dan al cielo quejas
Del yerto lecho y duro acogimiento,
Que blandos hallan en los cerros duros.
Los arroyuelos puros
Se adormecen al son del llanto mío,
Y a su modo también se duerme el río.
Con sosiego agradable
Se dejan poseer de ti las flores;
Mudos están los males,
No hay cuidado que hable,
Faltan lenguas y voz a los dolores,
Y en todos los mortales
Yace la vida envuelta en alto olvido.
Tan sólo mi gemido
Pierde el respeto a tu silencio santo:
Yo tu quietud molesto con mi llanto,
Y te desacredito
El nombre de callado, con mi grito.
Dame, cortés mancebo, algún reposo:
No seas digno del nombre de avariento
En el más desdichado y firme amante
Que lo merece ser por dueño hermoso.
Débate alguna pausa mi tormento.
Gózante en las cabañas
Y debajo del cielo
Los ásperos villanos;
Hállate en el rigor de los pantanos
Y encuéntrate en las nieves y en el hielo
El soldado valiente,
Y yo no puedo hallarte, aunque lo intente,
Entre mi pensamiento y mi deseo.
Ya, pues, con dolor creo

Que eres más riguroso que la tierra,
Más duro que la roca,
Pues te alcanza el soldado envuelto en guerra,
Y en ella mi alma por jamás te toca.
Mira que es gran rigor: dame siquiera
Lo que de ti desprecia tanto avaro,
Por el oro en que alegre considera,
Hasta que da la vuelta el tiempo claro;
Lo que había de dormir en blando lecho
Y da el enamorado a su señora,
Y a ti se te debía de derecho.
Dame lo que desprecia de ti ahora
Por robar el ladrón; lo que desecha
El que envidiosos celos tuvo y llora.
Quede en parte mi queja satisfecha:
Tócame con el cuento de tu vara;
Oirán siquiera el ruido de tus plumas
Mis desventuras sumas;
Que yo no quiero verte cara a cara,
Ni que hagas más caso
De mí, que hasta pasar por mí de paso;
O que a tu sombra negra por lo menos,
Si fueres a otra parte peregrino,
Se le haga camino
Por estos ojos de sosiego ajenos.
Quítame blando sueño, este desvelo,
O de él alguna parte,
Y te prometo, mientras viere el cielo,
De desvelarme sólo en celebrarte.

54. *EPISTOLA SATIRICA Y CENSORIA*

contra las costumbres presentes de los castellanos, escrita al Conde-Duque de Olivares.

No he de callar, por más que con el dedo,
Ya tocando la boca, ya la frente,
Me representes o silencio o miedo.
¿No ha de haber un espíritu valiente?
¿Siempre se ha de sentir lo que se dice?
¿Nunca se ha de decir lo que se siente?

Hoy sin miedo que libre escandalice
Puede hablar el ingenio, asegurado
De que mayor poder le atemorice.
En otros siglos pudo ser pecado
Severo estudio y la verdad desnuda,
Y romper el silencio el bien amado,
Pues sepa quien lo niega y quien lo duda
Que es lengua la verdad de Dios severo
Y la lengua de Dios nunca fue muda.
Son la verdad y Dios, Dios verdadero:
Ni eternidad divina los separa,
Ni de los dos alguno fue primero.
Si Dios a la verdad se adelantara,
Siendo verdad, que habría de ser hubiera
Verdad, antes que fuera y empezara.
La justicia de Dios es verdadera,
Y la misericordia, y todo cuanto
Es Dios es la verdad siempre severa.
Señor Excelentísimo, mi llanto
Ya no consiente márgenes ni orillas:
Inundación será la de mi canto:
Veránse sumergidas mis mejillas,
La vista por dos urnas derramada
Sobre el sepulcro de las dos Castillas.
Yace aquella virtud desaliñada
Que fue, si menos rica, más temida,
En vanidad y en ocio sepultada.
Y aquella libertad esclarecida
Que donde supo hallar honrada muerte
Nunca quiso tener más larga vida.
Y pródiga del alma, nación fuerte
Contaba en las afrentas de los años
Envejecer en brazos de la suerte.
La dilación del tiempo, y los engaños
Del paso de las horas y del día
Impaciente acusaba a los extraños.
Nadie contaba cuánta edad vivía,
Sino de qué manera: sola una hora
Lograba con afán su valentía.
La robusta virtud era señora,
Y sola dominaba al pueblo rudo:
Edad, si mal hablada, vencedora.

El temor de la mano daba escudo
Al corazón, que, en ella confiado,
Todas las armas despreció desnudo.
Multiplicó en escuadras un soldado
Su honor precioso, en ánimo valiente,
De sola honesta obligación armado.
Y debajo del Sol aquella gente,
Si no a más descansado, a más honroso
Sueño entregó los ojos, no la mente.
Hilaba la mujer para su esposo
La mortaja primero que el vestido;
Menos le vio galán que peligroso,
Acompañaba el lado del marido
Más veces en la hueste que en la cama;
Sano le aventuró, vengóle herido.
Todas matronas y ninguna dama,
Que nombres del halago cortesano
No admitió lo severo de su fama.
Derramado y sonoro el Océano
Era divorcio de las ricas minas
Que volaron la paz del pecho humano.
Ni les trajo costumbres peregrinas
El áspero dinero, ni el Oriente
Compró la honestidad con piedras finas.
Joya fue la virtud pura y ardiente;
Gala en merecimiento y alabanza;
Sólo se codiciaba lo decente.
No de la pluma dependió la lanza,
Ni el cántabro con cajas y tinteros
Hizo el campo heredad, sino matanza.
Y España con legítimos dineros,
No amartelaba el crédito a Liguria;
Más quiso los turbantes que los ceros
Menos fuera la pérdida y la injuria
Si se volvieran Muzas los asientos,
Cuanto es peor la usura que la furia.
Caducaban las aves en los vientos,
Y espiraba decrépito el venado;
Grande vejez duró en los elementos.
Que el vientre entonces, bien disciplinado,
Buscó satisfacción y no hartura,
Y estaba la garganta sin pecado.
Del mayor infanzón de aquella pura

República de grandes hombres, era
Una vaca sustento y armadura.
  No había venido al gusto lisonjera
La pimienta arrugada, ni del clavo
La adulación fragante forastera,
  Carnero y vaca fue principio y cabo,
Y con rojos pimientos y ajos duros
Tan bien como el señor comió el esclavo.
  Bebió la sed los arroyuelos puros;
Después mostraron del carquesio a Baco
El camino los brindis mal seguros.
  El rostro macilento, el cuerpo flaco,
Eran recuerdo del trabajo honroso,
Y honra y provecho andaban en un saco.
  Pudo sin don un español velloso
Llamar a los tudescos bacanales,
Y al holandés hereje y alevoso.
  Pudo acusar los celos desiguales
Al italiano; y hoy de muchos modos
Somos copias, si son originales.
  Las descendencias gastan mucho godos;
Todos blasonan, nadie los imita,
Y no son sucesores, sino apodos.
  Vino el betún precioso que vomita
La ballena o la espuma de las olas,
Que el vicio no el dolor, nos acredita.
  Y quedaron las huestes españolas
Bien perfumadas, pero mal regidas,
Y alhajas las que fueron pieles solas.
  Estaban las locuras mal vestidas,
Y aún no se hartaba de buriel y lana
La vanidad de hembras presumidas.
  A la seda pomposa siciliana,
Que manchó ardiente múrice, el romano
Y el oro hicieron áspera y tirana.
  Nunca al duro español supo el gusano
Persuadir que vistiese su mortaja,
Intercediendo el Can por el verano.
  Hoy desprecia el honor al que trabaja,
Y entonces fue el trabajo ejecutoria,
Y el vicio gradüó la gente baja.
  Pretende el alentado joven gloria

Por dejar la vacada sin marido,
Y de Ceres ofende la memoria.
Un animal a la labor nacido
De paciencia preciosa a los mortales,
Que a Jove fue disfraz y fue vestido;
Que un tiempo endureció manos reales,
Y detrás de él los cónsules gimieron,
Y rumia luz en campos celestiales,
¿Por cuál enemistad se persuadieron
A que su apocamiento fuese hazaña,
Y a mieses tan grande ofensa hicieron?
¡Qué cosa es ver un infazón de España
Abreviado en la silla a la jineta,
Y gastar un caballo en una caña!
Que la niñez al gallo le acometa
Con semejante munición apruebo;
Mas no la edad madura y la perfecta.
Ejercite sus fuerzas el mancebo
En frentes de escuadrones, no en la frente
Del padre hermoso del armento nuevo.
El trompeta le llame diligente,
Dando fuerza de ley al viento vano,
Y al son esté el ejército obediente.
¡Con cuánta majestad llena la mano
La pica, y el mosquete carga el hombro,
Del que se atreve a ser buen castellano!
Con asco entre las otras gentes nombro
Al que de su persona, sin decoro,
Antes quiere dar nota que no asombro.
Jineta y caña son contagio moro;
Restitúyanse justas y torneos,
Y hagan paces las capas con el toro.
Pasadnos vos de juegos a trofeos;
Que sólo grande rey y buen privado
Pueden ejecutar estos deseos.
Vos, que hacéis repetir siglo pasado
Con desembarazarnos las personas
Y sacar a los miembros del cuidado,
Vos disteis libertad con las valonas,
Para que sean corteses las cabezas,
Desnudando el enfado a las coronas;
Y, pues vos enmendasteis las cortezas,
Dad a la mayor parte medicina:

Vuélvanse los tablados fortalezas.
  Que la cortés estrella que os inclina
A privar sin intento y sin venganza,
Milagro que a la envidia desatina.
  Tiene por sola bienaventuranza
El reconocimiento temeroso,
No presumida y ciega confianza.
  Pues os dio el ascendiente generoso
Escudos, de armas y blasones llenos,
Y por timbre el martirio glorïoso,
  Mejores son por vos los que eran buenos
Guzmanes, y la cumbre desdeñosa
Os muestre a su pesar campos serenos.
  Lograd, señor, edad tan venturosa;
Y cuando nuestras fuerzas examina
Persecución unida y belicosa,
  La militar valiente disciplina
Tenga más practicantes que la plaza:
Descansen tela falsa y tela fina.
  Suceda a la marlota la coraza,
Y si el Corpus con danzas no los pide,
Velillos y oropel no hagan baza.
  El que en treinta lacayos los divide,
Hace suerte en el toro y con un dedo
La hace en él la vara que los mide.
  Mandadlo así, que aseguraros puedo
Que habéis de restaurar más que Pelayo,
Pues valdrá por ejércitos el miedo
Y os verá el cielo administrar su rayo.

55. *MEMORIA INMORTAL*

De don Pedro Girón, Duque de Osuna,
muerto en la prisión

  Faltar pudo su patria al grande Osuna,
Pero no a su defensa sus hazañas;
Diéronle muerte y cárcel las Españas,
De quien él hizo esclava la fortuna.
  Lloraron sus envidias una a una
Con las propias naciones las extrañas
Su tumba son de Flandes las campañas,

Y su epitafio la sangrienta luna.
En sus exequias encendió el Vesubio
Parténope, y Trinacria al Mongibelo;
El llanto militar creció en diluvio.
Diole el mejor lugar Marte en su cielo;
La Mosca, el Rin, el Tajo y el Danubio
Murmuran con dolor su desconsuelo.

56. *CONOCE LA DILIGENCIA CON QUE SE ACERCA LA MUERTE, Y PROCURA CONOCER TAMBIEN LA CONVENIENCIA DE SU VENIDA Y APROVECHARSE DE ESE CONOCIMIENTO*

Ya formidable y espantoso suena
Dentro del corazón el postrer día,
Y la última hora, negra y fría,
Se acerca, de temor y sombras llena.
Si agradable descanso, paz serena,
La muerte en traje de dolor envía,
Señas da su desdén de cortesía:
Más tiene de caricia que de pena.
¿Qué pretende el temor desacordado
De la que a rescatar piadosa viene
Espíritu en miserias añudado?
Llegue rogada, pues mi bien previene;
Hállame agradecido, no asustado;
Mi vida acabe y mi vivir ordene.

57. *ENSEÑA COMO TODAS LAS COSAS AVISAN DE LA MUERTE*

Miré los muros de la patria mía,
Si un tiempo fuertes, ya desmoronados,
De la carrera de la edad cansados,
Por quien caduca ya su valentía.
Salíme al campo, vi que el sol bebía
Los arroyos del hielo desatados;
Y del monte quejosos los ganados,
Que con sombras hurtó su luz al día.
Entré en mi casa; vi que amancillada

De anciana habitación era despojos;
Mi báculo más corvo y menos fuerte.
Vencida de la edad sentí mi espada
Y no hallé cosa en que poner los ojos
Que no fuese recuerdo de la muerte.

58. *LETRILLA SATIRICA*

Poderoso caballero es don Dinero

Madre, yo al oro me humillo:
El es mi amante y mi amado,
Pues de puro enamorado,
De contino anda amarillo;
Que pues, doblón o sencillo
Hace todo cuanto quiero,
Poderoso caballero
Es don Dinero.
Nace en las Indias honrado,
Donde el mundo le acompaña;
Viene a morir en España
Y es en Génova enterrado.
Y pues quien le trae al lado
Es hermoso, aunque sea fiero,
Poderoso caballero
Es don Dinero.
Es galán y es como un oro,
Tiene quebrado el color,
Persona de gran valor,
Tan cristiano como moro;
Pues que da y quita el decoro
Y quebranta cualquier fuero,
Poderoso caballero
Es don Dinero.
Son sus padres principales
Y es de nobles descendiente,
Porque en las venas de Oriente
Todas las sangres son reales:
Y pues es quien hace iguales
Al rico y al pordiosero,
Poderoso caballero
Es don Dinero.
¿A quién no le maravilla

Ver en su gloria sin tasa
Que es lo más ruin de su casa
Doña Blanca de Castilla?
Mas pues que su fuerza humilla
Al cobarde y al guerrero,
Poderoso caballero
Es don Dinero.
Sus escudos de armas nobles
Son siempre tan principales,
Que sin sus escudos reales
No hay escudos de armas dobles;
Y pues a los mismos robles
Da codicia su minero,
Poderoso caballero
Es don Dinero.
Por importar en los tratos
Y dar tan buenos consejos,
En las casas de los viejos
Gatos le guardan de gatos.
Y pues él rompe recatos
Y ablanda al juez más severo,
Poderoso caballero
Es don Dinero.
Es tanta su majestad
(Aunque son sus duelos hartos)
Que aun con estar hecho cuartos
No pierde su calidad;
Pero pues de autoridad
Al gañán y al jornalero,
Poderoso caballero
Es don Dinero.
Nunca vi damas ingratas
A su gusto y afición,
Que a las caras de un doblón
Hacen sus caras baratas.
Y pues las hace bravatas
Desde una bolsa de cuero,
Poderoso caballero
Es don Dinero.
Más valen en cualquier tierra,
Mirad si es harto sagaz,
Sus escudos en la paz

Que rodelas en la guerra.
Pues al natural destierra
Y hace propio al forastero,
Poderoso caballero
Es don Dinero.

D. Esteban Manuel de Villegas

59. *AL CEFIRO*

Oda sáfica

Dulce vecino de la verde selva,
Huésped eterno del abril florido,
Vital aliento de la madre Venus
Céfiro blando;
Si de mis ansias el amor supiste,
Tú, que las quejas de mi voz llevaste,
Oye, no temas, y a mi ninfa dile,
Dile que muero.
Filis un tiempo mi dolor sabía;
Filis un tiempo mi dolor lloraba;
Quísome un tiempo, mas ahora temo
Temo sus iras.
Así los dioses con amor paterno,
Así los cielos con amor benigno,
Nieguen al tiempo que feliz volares
Nieve a la tierra.
Jamás el peso de la nube parda
Cuando amanece en la elevada cumbre,
Toque tus hombros ni su mal granizo
Hiera tus alas.

Pedro Calderón de la Barca

60. *LAS FLORES Y LA VIDA DEL HOMBRE*

Estas que fueron pompa y alegría
Despertando al albor de la mañana,
A la tarde serán lástima vana
Durmiendo en brazos de la noche fría.
Este matiz que al cielo desafía,
Iris listado de oro, nieve y grana,
Será escarmiento de la vida humana:
¡Tanto se emprende en término de un día!
A florecer las rosas madrugaron,
Y para envejecerse florecieron:
Cuna y sepulcro en un botón hallaron.
Tales los hombres sus fortunas vieron:
En un día nacieron y expiraron;
Que pasados los siglos, horas fueron.

Antonio Mira de Mescua

61. *CANCION REAL A UNA MUDANZA*

Ufano, alegre, altivo, enamorado,
Rompiendo el aire el pardo jilguerillo,
Se sentó en los pimpollos de una haya,
Y con su pico de marfil nevado
De su pechuelo blanco y amarillo
La pluma concertó pajiza y baya;
Y celoso se ensaya
A discantar en alto contrapunto
Sus celos y amor junto,
Y al ramillo, y al prado y a las flores
Libre y ufano cuenta sus amores.
Mas, ¡ay!, que en este estado
El cazador crüel, de astucia armado,
Escondido le acecha,
Y al tierno corazón aguda flecha
Tira con mano esquiva

Y envuelto en sangre en tierra lo derriba.
¡Ay, vida mal lograda,
Retrato de mi suerte desdichada!
De la custodia del amor materno
El corderillo juguetón se aleja,
Enamorado de la yerba y flores,
Y por la libertad del pasto tierno
El cándido licor olvida y deja
Por quien hizo a su madre mil amores:
Sin conocer temores,
De la florida primavera bella
El vario manto huella
Con retozos y brincos licenciosos,
Y pace tallos tiernos y sabrosos.
Mas, ¡ay!, que en un otero
Dio en la boca de un lobo carnicero,
Que en partes diferentes
Lo dividió con sus voraces dientes,
Y a convertirse vino
En purpúreo el dorado vellocino.
¡Oh!, inocencia ofendida,
Breve bien, caro pasto, corta vida!
Rica con sus penachos y copetes,
Ufana y loca, con ligero vuelo
Se remonta la garza a las estrellas,
Y, puliendo sus negros martinetes,
Procura ser allá cerca del cielo
La reina sola de las aves bellas:
Y por ser ella de ellas
La que más altanera se remonta,
Ya se encubre y trasmonta
A los ojos del lince más atentos
Y se contempla reina de los vientos.
Mas, ¡ay!, que en la alta nube
El águila la vio y al cielo sube,
Donde con pico y garra
El pecho candidísimo desgarra
Del bello airón que quiso
Volar tan alto con tan corto aviso.
¡Ay, pájaro altanero,
Retrato de mi suerte verdadero!
Al son de las belísonas trompetas

Y al resonar del sonoroso parche,
Formó escuadrón el capitán gallardo;
Con relinchos, bufidos y corvetas
Pidió el caballo que la gente marche
Trocando en paso presuroso el tardo:
Sonó el clarín bastardo
La esperada señal de arremetida,
Y en batalla rompida,
Teniendo cierta de vencer la gloria,
Oyó a su gente que cantó victoria.
Más, ¡ay!, que el desconcierto
Del capitán bisoño y poco experto,
Por no observar el orden
Causó en su gente general desorden,
Y, la ocasión perdida,
El vencedor perdió victoria y vida.
¡Ay, fortuna voltaria,
En mis prósperos fines siempre varia!
  Al cristalino y mudo lisonjero
La bella dama en su beldad se goza,
Contemplándose Venus en la tierra,
Y al más rebelde corazón de acero
Con su vista enternece y alboroza,
Y es de las libertades dulce guerra:
El desamor destierra
De donde pone sus divinos ojos,
Y de ellos son despojos
Los purísimos castos de Dïana,
Y en su belleza se contempla ufana.
Mas, ¡ay!, que un accidente,
Apenas puso el pulso intercadente,
Cuando cubrió de manchas,
Cárdenas ronchas y viruelas anchas
El bello rostro hermoso
Y lo trocó en horrible y asqueroso.
¡Ay, beldad malograda,
Muerta luz, turbio sol y flor pisada!
  Sobre frágiles leños, que con alas
De lienzo débil de la mar son carros,
El mercader surcó sus claras olas:
Llegó a la India, y, rico de bengalas,
Perlas, aromas, nácares bizarros,

Volvió a ver las riberas españolas.
Tremoló banderolas,
Flámulas, estandartes, gallardetes:
Dio premio a los grumetes
Por haber descubierto
De la querida patria el dulce puerto.
Mas, ¡ay!, que estaba ignoto
A la experiencia y ciencia del piloto
En la barra un peñasco,
Donde, tocando de la nave el casco,
Dio a fondo, hechos mil piezas,
Mercader, esperanzas y riquezas.
¡Pobre bajel, figura
Del que anegó mi próspera ventura!
Mi pensamiento con ligero vuelo
Ufano, alegre, altivo, enamorado,
Sin conocer temores la memoria,
Se remontó, señora, hasta tu cielo,
Y contrastando tu desdén airado,
Triunfó mi amor, cantó mi fe victoria;
Y en la sublime gloria
De esa beldad se contempló mi alma,
Y el mar de amor sin calma
Mi navecilla con su viento en popa
Llevaba navegando a toda ropa.
Mas, ¡ay!, que mi contento
Fue el pajarillo y el corderillo exento,
Fue la garza altanera,
Fue el capitán que la victoria espera,
Fue la Venus del mundo,
Fue la nave del piélago profundo;
Pues por diversos modos.
Todos los males padecí de todos.
Canción, ve a la columna
Que sustentó mi próspera fortuna,
Y verás que si entonces
Te pareció de mármoles y bronces,
Hoy es mujer, y en suma
Breve bien, fácil viento, leve espuma.

Nicolás F. de Moratín

62. *FIESTA DE TOROS EN MADRID*

Madrid, castillo famoso
Que al rey moro alivia el miedo,
Arde en fiestas de su coso
Por ser el natal dichoso
De Alimenón de Toledo.
Su bravo alcaide Aliatar,
De la hermosa Zaida amante,
Las ordena celebrar
Por si le puede ablandar
El corazón de diamante.
Pasó, vencida a sus ruegos,
Desde Aravaca a Madrid;
Hubo pandorgas y fuegos,
Con otros nocturnos juegos
Que dispuso el adalid.
Y en adargas y colores,
En las cifras y libreas,
Mostraron los amadores,
Y en pendones y preseas,
La dicha de sus amores.
Vinieron las moras bellas
De toda la cercanía,
Y de lejos muchas de ellas:
Las más apuestas doncellas
Que España entonces tenía.
Aja del Jetafe vino,
Y Zahara la de Alcorcón,
En cuyo obsequio muy fino
Corrió de un vuelo el camino
El moraicel de Alcabón.
Jarifa de Almonacid,
Que de la Alcarria en que habita
Llevó a asombrar a Madrid
Su amante Audalla, adalid
Del castillo de Zorita.
De Adamud y la famosa
Meco llegaron allí

Dos, cada cual más hermosa,
Y Fátima la preciosa,
Hija de Alí el alcadí.
  El ancho circo se llena
De multitud clamorosa,
Que atiende a ver en la arena
La sangrienta lid dudosa,
Y todo en torno resuena.
  La bella Zaida ocupó
Sus dorados miradores
Que el arte afiligranó,
Y con espejos y flores
Y damascos adornó.
  Añafiles y atabales,
Con militar armonía,
Hicieron salva, y señales
De mostrar su valentía
Los moros más principales.
  No en las vegas de Jarama
Pacieron la verde grama
Nunca animales tan fieros
Junto al puente que se llama,
Por sus peces, de Viveros,
  Como los que el vulgo vio
Ser lidiados aquel día;
Y en la fiesta que gozó,
La popular alegría
Muchas heridas costó.
  Salió un toro del toril
Y a Tarfe tiró por tierra,
Y luego a Benalguacil;
Después con Hamete cierra
El temerón de Conil.
  Traía un ancho listón
Con uno y otro matiz
Hecho un lazo por airón,
Sobre la inhiesta cerviz
Clavado con un arpón.
  Todo galán pretendía
Ofrecerle vencedor
A la dama que servía:
Por eso perdió Almanzor

El potro que más quería.
  El alcaide muy zambrero
De Guadalajara, huyó
Mal herido al golpe fiero,
Y desde un caballo overo
El moro de Horche cayó.
  Todos miran a Aliatar,
Que, aunque tres toros ha muerto,
No se quiere aventurar,
Porque en lance tan incierto
El caudillo no ha de entrar.
  Mas viendo se culparía,
Va a ponérsele delante:
La fiera le acometía,
Y sin que el rejón le plante
Le mató una yegua pía.
  Otra monta acelerado:
Le embiste el toro de un vuelo
Cogiéndole entablerado;
Rodó el bonete encarnado
Con las plumas por el suelo.
  Dio vuelta hiriendo y matando
A los de pie que encontrara,
El circo desocupando,
Y emplazándose, se para,
Con la vista amenazando.
  Nadie se atreve a salir:
La plebe grita indignada,
Las damas se quieren ir,
Porque la fiesta empezada
No puede ya proseguir.
  Ninguno al riesgo se entrega
Y está en medio el toro fijo,
Cuando un portero que llega
De la puerta de la Vega,
Hincó la rodilla, y dijo:
  «Sobre un caballo alazano,
Cubierto de galas y oro,
Demanda licencia urbano
Para alancear a un toro
Un caballero cristiano.»
  Mucho le pesa a Aliatar;
Pero Zaida dio respuesta

Diciendo que puede entrar,
Porque en tan solemne fiesta
Nada se puede negar.
Suspenso el concurso entero
Entre dudas se embaraza,
Cuando en un potro ligero
Vieron entrar en la plaza
Un bizarro caballero.
Sonrosado, albo color,
Belfo labio, juveniles
Alientos, inquieto ardor,
En el florido verdor
De sus lozanos abriles.
Cuelga la rubia guedeja
Por donde el almete sube,
Cual mirarse tal vez deja
Del sol la ardiente madeja
Entre cenicienta nube.
Gorguera de anchos follajes,
De una cristiana primores;
En el yelmo los plumajes
Por los visos y celajes
Vergel de diversas flores.
En la cuja gruesa lanza,
Con recamado pendón,
Y una cifra a ver se alcanza,
Que es de desesperación,
O a lo menos de venganza.
En el arzón de la silla
Ancho escudo reverbera
Con blasones de Castilla,
Y el mote dice a la orilla:
Nunca mi espada venciera,
Era el caballo galán,
El bruto más generoso,
De más gallardo ademán:
Cabos negros, y brioso,
Muy tostado, y alazán.
Larga cola recogida
En las piernas descarnadas,
Cabeza pequeña, erguida,
Las narices dilatadas,
Vista feroz y encendida.

Nunca en el ancho rodeo
Que da Betis con tal fruto
Pudo fingir el deseo
Más bella estampa de bruto,
Ni más hermoso paseo.
Dio la vuelta alrededor;
Los ojos que le veían
Lleva prendados de amor:
«¡Alah te salve!» decían,
«¡Déte el Profeta favor!»
Causaba lástima y grima
Su tierna edad floreciente:
Todos quieren que se exima
Del riesgo, y él solamente
Ni recela ni se estima.
Las doncellas, al pasar,
Hacen de ámbar y alcanfor
Pebeteros exhalar,
Vertiendo pomos de olor,
De jazmines y azahar.
Mas cuando en medio se para,
Y de más cerca le mira
La cristiana esclava Aldara,
Con su señora se encara,
Y así le dice, y suspira:
«Señora, sueños no son;
Así los cielos, vencidos
De mi ruego y aflicción,
Acerquen a mis oídos
Las campanas de León,
»Como ese doncel, que ufano
Tanto asombro viene a dar
A todo el pueblo africano,
Es Rodrigo de Vivar,
El soberbio castellano».
Sin descubrirle quién es,
La Zaida desde una almena
Le habló una noche cortés,
Por donde se abrió después
El cubo de la Almudena.
Y supo que, fugitivo
De la corte de Fernando,
El cristiano, apenas vivo,

Está a Jimena adorando
Y en su memoria cautivo.
Tal vez a Madrid se acerca
Con frecuentes correrías
Y todo en torno la cerca;
Observa sus saetías,
Arroyadas y ancha alberca.
Por eso le ha conocido:
Que en medio de aclamaciones,
El caballo ha detenido
Delante de sus balcones,
Y la saluda rendido.
La mora se puso en pie
Y sus doncellas detrás;
El alcaide que lo ve,
Enfurecido además,
Muestra cuán celoso esté.
Suena un rumor placentero
Entre el vulgo de Madrid:
«No habrá mejor caballero»,
Dicen, «en el mundo entero»,
Y algunos le llaman Cid.
Crece la algazara, y él,
Torciendo las riendas de oro,
Marcha al combate crüel:
Alza el galope, y al toro
Busca en sonoro tropel.
El bruto se le ha encarado
Desde que le vio llegar,
De tanta gala asombrado,
Y alrededor le ha observado
Sin moverse de un lugar.
Cual flecha se disparó
Despedida de la cuerda,
De tal suerte le embistió;
Detrás de la oreja izquierda
La aguda lanza le hirió.
Brama la fiera burlada;
Segunda vez acomete,
De espuma y sudor bañada,
Y segunda vez le mete
Sutil la punta acerada.
Pero ya Rodrigo espera

Con heroico atrevimiento,
El pueblo mudo y atento:
Se engalla el toro y altera,
Y finge acometimiento.
La arena escarba ofendido,
Sobre la espalda la arroja
Con el hueso retorcido;
El suelo huele y lo moja
En ardiente resoplido.
La cola inquieto menea,
La diestra oreja mosquea,
Vase retirando atrás,
Para que la fuerza sea
Mayor, y el ímpetu más.
El que en esta ocasión viera
De Zaida el rostro alterado,
Claramente conociera
Cuánto le cuesta cuidado
El que tanto riesgo espera.
Mas ¡ay, que le embiste horrendo
El animal espantoso!
Jamás peñasco tremendo
Del Cáucaso cavernoso
Se desgaja estrago haciendo,
Ni llama así fulminante
Cruza en negra oscuridad
Con relámpagos delante,
Al estrépito tronante
De sonora tempestad,
Como el bruto se abalanza
Con terrible ligereza;
Mas rota con gran pujanza
La alta nuca, la fiereza
Y el último aliento lanza.
La confusa vocería
Que en tal instante se oyó
Fue tanta, que parecía
Que honda mina reventó,
O el monte y valle se hundía.
A caballo como estaba
Rodrigo, el lazo alcanzó
Con que el toro se adornaba:
En su lanza lo clavó

Y a los balcones llegaba.
 Y alzándose en los estribos,
Lo alarga a Zaida, diciendo:
«Sultana, aunque bien entiendo
Ser favores excesivos,
Mi corto don admitiendo;
 »Si no os dignáredes ser
Con él benigna, advertid
Que a mí me basta saber
Que no lo debo ofrecer
A otra persona en Madrid.»
 Ella, el rostro placentero,
Dijo, y turbada: «Señor,
Yo lo admito y lo venero,
Por conservar el favor
De tan gentil caballero.»
 Y besando el rico don,
Para agradar al doncel,
Lo prende con afición
Al lado del corazón
Por brinquiño y por joyel.
 Pero Aliatar el caudillo
De envidia ardiendo se ve,
Y, trémulo y amarillo,
Sobre un tremecén rosillo
Lozaneándose se fue.
 Y en ronca voz: «Castellano»,
Le dice, "con más decoros
Suelo yo dar de mi mano,
Si no penachos de toros,
Las cabezas del cristiano.
 »Y si vinieras en guerra
Cual vienes de fiesta y gala,
Vieras que en toda la tierra,
Al valor que dentro encierra
Madrid, ninguno se iguala.»
 «Así», dijo el de Vivar,
«Respondo»; y la lanza al ristre
Pone, y espera a Aliatar;
Mas sin que nadie administre
Orden, tocaron a armar.
 Ya fiero bando con gritos
Su muerte o prisión pedía,

Cuando se oyó en los distritos
Del monte de Leganitos
Del Cid la trompetería.
Entre la Moncloa y Soto
Tercio escogido emboscó,
Que, viendo como tardó,
Se acerca, oyó el alboroto,
Y al muro se abalanzó.
Y si no vieran salir
Por la puerta a su señor,
Y Zaida a le despedir,
Iban la fuerza a embestir:
Tal era ya su furor.
El alcaide, recelando
Que en Madrid tenga partido,
Se templó disimulando,
Y por el parque florido
Salió con él razonando.
Y es fama que, a la bajada,
Juró por la cruz el Cid
De su vencedora espada
De no quitar la celada
Hasta que gane a Madrid.

Gaspar M. de Jovellanos

63. *EPISTOLA DE FABIO A ANFRISO*

Descripción del Paular

Credibile est illi numen inesse loco

OVIDIUS

Desde el oculto y venerable asilo
Do la virtud austera y penitente
Vive ignorada y, del liviano mundo
Huida, en santa soledad se esconde,
El triste Fabio al venturoso Anfriso
Salud en versos flébiles envía.
Salud le envía a Anfriso, al que inspirado
De las mantuanas musas, tal vez suele

Al grave son de su celeste canto
Precipitar del viejo Manzanares
El curso perezoso: tal süave
Suele ablandar con amorosa lira
La altiva condición de sus zagalas.
¡Plugiera a Dios, oh Anfriso, que el cuitado
A quien no dio la suerte tal ventura
Pudiese huir del mundo y sus peligros!
¡Plugiera a Dios, pues ya con su barquilla
Logró arribar a puerto tan seguro,
Que esconderla supiera en este abrigo,
A tanta luz y ejemplos enseñado!
Huyera así la furia tempestuosa
De los contrarios vientos, los escollos,
Y las fieras borrascas tantas veces
Entre sustos y lágrimas corridas.
Así también del mundanal tumulto
Lejos, y en estos montes guarecido,
Alguna vez gozara del reposo,
Que hoy desterrado de su pecho vive.
Mas ¡ay de aquel que hasta en el santo asilo
De la virtud arrastra la cadena,
La pesada cadena con que el mundo
Oprime a sus esclavos! ¡Ay del triste
En cuyo oído suena con espanto,
Por esta oculta soledad rompiendo,
De su señor el imperioso grito!
Busco en estas moradas silenciosas
El reposo y la paz que aquí se esconden,
Y sólo encuentro la inquietud funesta
Que mis sentidos y razón conturba.
Busco paz y reposo, pero en vano
Los busco, ¡oh caro Anfriso!, que estos dones,
Herencia santa que al partir del mundo
Dejó Bruno en sus hijos vinculada,
Nunca en profano corazón entraron
Ni a los parciales del placer se dieron.
Conozco bien que, fuera de este asilo,
Sólo me guarda el mundo sinrazones,
Vanos deseos, duros desengaños,
Susto y dolor; empero todavía
A entrar en él no puedo resolverme.
No puedo resolverme, y despechado

Sigo el impulso del fatal destino
Que a muy más dura esclavitud me guía,
Sigo su fiero impulso, y llevo siempre
Por todas partes los pesados grillos
Que de la ansiada libertad me privan.
De afán y angustia el pecho traspasado,
Pido a la muda soledad consuelo
Y con dolientes quejas la importuno.
Salgo al ameno valle, subo al monte,
Sigo del claro río las corrientes.
Busco la fresca y deleitosa sombra,
Corro por todas partes, y no encuentro
En parte alguna la quietud perdida.
¡Ay, Anfriso, qué escenas a mis ojos,
Cansados de llorar, presenta el cielo!
Rodeado de frondosos y altos montes
Se extiende un valle, que de mil delicias
Con sabia mano ornó naturaleza.
Pártele en dos mitades, despeñado
De las vecinas rocas, el Lozoya,
Por su pesca famoso y dulces aguas.
Del claro río sobre el verde margen
Crecen frondosos álamos, que al cielo
Ya erguidos alzan las plateadas copas,
O ya, sobre las aguas encorvados,
En mil figuras miran con asombro
Su forma en los cristales retratada.
De la siniestra orilla un bosque umbrío
Hasta la falda del vecino monte
Se extiende: tan ameno y delicioso
Que le hubiera juzgado el gentilismo
Morada de algún dios, dios, o a los misterios
De las silvanas Dríades guardado.
Aquí encamino mis inciertos pasos,
Y en su recinto umbrío y silencioso,
Mansión la más conforme para un triste,
Entro a pensar en mi crüel destino.
La grata soledad, la dulce sombra,
El aire blando y el silencio mudo,
Mi desventura y mi dolor adulan.
No alcanza aquí del padre de las luces
El rayo acechador, ni su reflejo
Viene a cubrir de confusión el rostro

De un infeliz en su dolor sumido.
El canto de las aves no interrumpe
Aquí tampoco la quietud de un triste,
Pues sólo de la viuda tortolilla
Se oye tal vez el lastimero arrullo,
Tal vez el melancólico trinado
De la angustiada y dulce Filomena.
Con blando impulso el céfiro süave,
Las copas de los árboles moviendo,
Recrea el alma con el manso ruido,
Mientras al dulce soplo desprendidas
Las agostadas hojas, revolando,
Bajan en lentos círculos al suelo,
Cúbrenle en torno, y la frondosa pompa
Que al árbol adornara en primavera,
Yace marchita y muestra los rigores
Del abrasado estío y seco otoño.
¡Así también de juventud lozana
Pasan, oh Anfriso, las livianas dichas!
Un soplo de inconstancia, de fastidio,
O de capricho femenil las tala
Y lleva por el aire, cual las hojas
De los frondosos árboles caídas.
Ciegos empero, y tras su vana sombra
De contino exhalados, en pos de ellas
Corremos hasta hallar el precipicio
Do nuestro error y su ilusión nos guían.
Volamos en pos de ellas como suele
Volar a la dulzura del reclamo
Incauto el pajarillo: entre las hojas
El preparado visco le detiene:
Lucha cautivo por huir, y en vano,
Porque un traidor, que en asechanza atisba,
Con mano infiel la libertad le roba
Y muerte le condena a cárcel dura.
¡Ah, dichoso el mortal de cuyos ojos
Un pronto desengaño corrió el velo
De la ciega ilusión! ¡Una y mil veces
Dichoso el solitario penitente
Que, triunfando del mundo y de sí mismo,
Vive en la soledad libre y contento!
Unido a Dios por medio de la santa
Contemplación, le goza ya en la tierra,

Y retirado en su tranquilo albergue
Observa reflexivo los milagros
De la naturaleza, sin que nunca
Turben el susto ni el dolor su pecho.
Regálanle las aves con su canto,
Mientras la aurora sale refulgente
A cubrir de alegría y luz el mundo.
Nácele siempre el sol claro y brillante,
Y nunca a él levanta conturbados
Sus ojos, ora en el oriente raye,
Ora, del cielo a la mitad subiendo,
En pompa guíe el reluciente carro;
Ora con tibia luz perezoso,
Su faz esconda en los vecinos montes.
Cuando en las claras noches cuidadoso
Vuelve desde los santos ejercicios,
La plateada luna en lo más alto
Del cielo mueve la luciente rueda
Con augusto silencio, y recreando
Con blando resplandor su humilde vista,
Eleva su razón, y la dispone
A contemplar la alteza y la inefable
Gloria del Padre y Creador del mundo.
Libre de los cuidados enojosos
Que en los palacios y dorados techos
Nos turban de contino, y entregado
A la inefable y justa Providencia,
Si al breve sueño alguna pausa pide
De sus santas tareas, obediente
Viene a cerrar sus párpados el sueño
Con mano amiga, y de su lado ahuyenta
El susto y las fantasmas de la noche.
¡Oh suerte venturosa, a los amigos
De la virtud guardada! ¡Oh dicha, nunca
De los tristes mundanos conocida!
¡Oh monte impenetrable! ¡Oh bosque umbrío!
¡Oh valle deleitoso! ¡Oh solitaria,
Taciturna mansión! ¡Oh, quién, del alto
Y proceloso mar del mundo huyendo
A vuestra santa calma, aquí seguro
Vivir pudiera siempre, y escondido!
Tales cosas revuelvo en mi memoria
En esta triste soledad sumido.

Llega en tanto la noche, y con su manto
Cobija el ancho mundo. Vuelo entonces
A los medrosos claustros. De una escasa
Luz el distante y pálido reflejo
Guía por ellos mis inciertos pasos;
Y en medio del horror y del silencio,
¡Oh fuerza del ejemplo portentosa!
Mi corazón palpita, en mi cabeza
Se erizan los cabellos, se estremecen
Mis carnes, y discurre por mis nervios
Un súbito rigor que del centro oscuro
Sale una voz tremenda que, rompiendo
El eterno silencio, así me dice:
«Huye de aquí, profano; tú, que llevas
De ideas mundanales lleno el pecho,
Huye de esta morada, do se albergan
Con la virtud humilde y silenciosa
Sus escogidos: huye, y no profanes
Con tu planta sacrílega este asilo.»
Con paso vacilante voy cruzando
De aviso tal al golpe confundido,
Los pavorosos tránsitos, y llego
Por fin a mi morada, donde ni hallo
El ansiado reposo, ni recobran
La suspirada calma mis sentidos.
Lleno de congojosos pensamientos
Paso la triste y perezosa noche
En molesta vigilia, sin que llegue
A mis ojos el sueño, ni interrumpan
Sus regalados bálsamos mi pena.
Vuelve por fin con la rosada aurora
La luz aborrecida, y en pos de ella
El claro día a publicar mi llanto
Y dar nueva materia al dolor mío.

Turben el susto ni el dolor su pecho.
  Regálanle las aves con su canto,
Mientras la aurora sale refulgente

Juan Meléndez Valdés

64. *ROSANA EN LOS FUEGOS*

Del sol llevaba la lumbre
Y la alegría del alba,
En sus celestiales ojos
La hermosísima Rosana,
Una noche que a los fuegos
Salió la fiesta de Pascua,
Para abrasar todo el valle
En mil amorosas ansias.
Por doquiera que camina
Lleva tras sí la mañana,
Y donde se vuelve rinde
La libertad de mil almas.
El céfiro la acaricia
Y mansamente la halaga,
Los Amores la rodean
Y las Gracias la acompañan.
Y ella, así como en el valle
Descuella la altiva palma
Cuando sus verdes pimpollos
Hasta las nubes levanta;
O cual vid de fruto llena
Que con el olmo se abraza,
Y sus vástagos extiende
Al arbitrio de las ramas;
Así entre sus compañeras
El nevado cuello alza,
Sobresaliendo entre todas
Cual fresca rosa entre zarzas;
O como cándida perla
Que artífice diestro engasta
Entre encendidos corales,
porque más luzcan sus aguas.
Todos los ojos se lleva
Tras sí, todo lo avasalla;
De amor mata a los pastores

Y de envidia a las zagalas.
Ni las músicas se atienden,
Ni se gozan las lumbradas;
Que todos corren por verla
Y al verla todos se abrasan.
¡Qué de suspiros se escuchan!
¡Qué de vivas y de salvas!
No hay zagal que no la admire
Y no se esmere en loarla.
Cuál absorto la contempla
Y a la aurora la compara
Cuando más alegre sale
Y el cielo de su albor baña;
Cuál al fresco y verde aliso
Que crece al margen del agua,
Cuando más pomposo en hojas
En su cristal se retrata;
Cuál a la luna, si muestra
Llena su esfera de plata,
Y asoma por los collados
De luceros coronada.
Otros pasmados la miran
Y mudamente la alaban,
Y cuanto más la contemplan
Muy más hermosa la hallan.
Que es como el cielo su rostro
Cuando en la noche callada
Brilla con todas sus luces
Y los ojos embaraza.
¡Ay, qué de envidias se encienden!
¡Ay, qué de celos que causa
En las serranas del Tormes
Su perfección sobrehumana!
Las más hermosas la temen,
Mas sin osar murmurarla;
Que como el oro más puro
No sufre una leve mancha.

—Bien haya tu gentileza,
Una y mil veces bien haya,
Y abrase la envidia al pueblo,
Hermosísima aldeana.

Toda, toda eres perfecta,
Toda eres donaire y gracia,
El amor vive en tus ojos
Y la gloria está en tu cara
En esa cara hechicera,
Do toda su luz cifrada
Puso Venus misma, y ciego
En pos de sí me arrebata.
La libertad me has robado,
Yo la doy por bien robada,
Mas recibe el don benigna
Que mi humildad te consagra.
No el don por pobres desdenes,
Que aun las deidades más altas
A zagales, cual yo, humildes,
Un tiempo acogieron gratas;
Y mezclando sus ternezas
Con sus rústicas palabras,
No, aunque diosas, esquivaron
Sus amorosas demandas.
Su feliz ejemplo sigue,
Pues que en verdad las igualas;
Cual yo a todos los excedo
En lo fino de mi llama—.
Esto un zagal le decía
Con razones mal formadas,
Que salió libre a los fuegos
Y volvió cautivo a casa.
Y desde entonces perdido
El día a sus puertas le halla;
Ayer le cantó esta letra
Echándole la alborada.

Linda zagaleja
De cuerpo gentil,
Muérome de amores
Desde que te vi.
Tu talle, tu aseo,
Tu gala y donaire,
No tienen, serrana,
Igual en el valle.
Del cielo son ellos

Y tú un serafín:
Muérome de amores
Desde que te vi.
De amores me muero,
Sin que nada alcance
A darme la vida
Que allá te llevaste,
Si no te condueles
Muérome de amores
Desde que te vi.

Leandro F. de Moratín

65. *ELEGIA A LAS MUSAS*

Esta corona, adorno de mi frente,
Esta sonante lira y flautas de oro
Y máscaras alegres, que algún día
Me disteis, sacras Musas, de mis manos

Trémulas recibid, y el canto acabe,
Que fuera osado intento repetirlo.
He visto ya cómo la edad ligera,
Apresurando a no volver las horas,
Robó con ellas su vigor al numen.
Sé que negáis vuestro favor divino
A la cansada senectud, y en vano
Fuera implorarlo; pero en tanto, bellas
Ninfas, del verde Pindo habitadoras,
No me neguéis que os agradezca humilde
Los bienes que os debí. Si pude un día,
No indigno sucesor de nombre ilustre,
Dilatarlo famoso, a vos fue dado
Llevar al fin mi atrevimiento. Sólo
Pudo bastar vuestro amoroso anhelo
A prestarme constancia en los afanes
Que turbaron mi paz, cuando insolente
Vano saber, enconos y venganzas,
Codicia y ambición, la patria mía
Abandonaron a civil discordia.

Yo vi del polvo levantarse audaces,
A dominar y perecer, tiranos:
Atropellarse efímeras las leyes,
Y llamarse virtudes los delitos.
Vi las fraternas armas nuestros muros
Bañar en sangre nuestra, combatirse,
Vencido y vencedor hijos de España,
Y el trono desplomándose al vendido
Impetu popular. De las arenas
Que el mar sacude en la fenicia Gades,
A las que el Tajo lusitano envuelve
En oro y conchas, uno y otro imperio,
Iras, desorden esparciendo y luto,
Comunicarse el funeral estrago.
Así cuando en Sicilia el Etna ronco
Revienta incendios, su bifronte cima
Cubre el Vesubio en humo denso y llamas,
Turba el Averno sus calladas ondas;
Y allá del Tibre en la ribera etrusca
Se estremece la cúpula soberbia
Que al Vicario de Cristo da sepulcro.
¿Quién pudo en tanto horror mover el plectro?
¿Quién dar al verso acordes armonías,
Oyendo resonar grito de muerte?
Tronó la tempestad: bramó iracundo
El huracán, y arrebató a los campos
Sus frutos, su matiz: la rica pompa
Destrozó de los árboles sombríos:
Todas huyeron tímidas las aves
Del blando nido, en el espanto mudas;
No más trinos de amor. Así agitaron
Los tardos años mi existencia, y pudo
Sólo en región extraña el oprimido
Animo hallar dulce descanso y vida.
Breve será; que ya la tumba aguarda
Y sus mármoles abre a recibirme;
Ya los voy a ocupar... Si no es eterno
El rigor de los hados, y reservan
A mi patria infeliz mayor ventura,
Dénsela presto, y mi postrer suspiro
Será por ella... Prevenid en tanto
Flébiles tonos, enlazad coronas
De ciprés funeral, Musas celestes;

Y donde a las del mar sus aguas mezcla
El Garona opulento, en silencioso
Bosque de lauros y menudos mirtos,
Ocultad entre flores mis cenizas.

Manuel María de Arjona

66. *LA DIOSA DEL BOSQUE*

¡Oh, si bajo estos árboles frondosos
Se mostrase la célica hermosura
Que vi algún día en mi inmortal dulzura
Este bosque bañar!
Del cielo tu benéfico descenso
Sin duda ha sido, lúcida belleza:
Deja, pues, diosa, que mi grato incienso
Arda sobre tu altar.
Que no es amor mi tímido alborozo,
Y me acobarda el rígido escarmiento,
Que, ¡oh Pinitoo!, condenó tu intento
Y tu intento, Ixión.
Lejos de mí sacrílega osadía:
Bástame que con plácido semblante
Aceptes, diosa, a mis anhelos pía,
Mi ardiente adoración.
Mi adoración y el cántico de gloria
Que de mí el Pindo atónito ya espera:
Baja tú a oírme de la sacra esfera
¡Oh radiante deidad!
Y tu mirar más nítido y süave,
He de cantar, que fúlgido lucero;
Y el limpio encanto que infundirnos sabe
Tu dulce majestad.
De pureza jactándose natura,
Te ha formado del cándido rocío
Que sobre el nardo al apuntar de estío
La aurora derramó;
Y excelsamente lánguida retrata
El rosicler pacífico de Mayo
Tu alma: Favonio su frescura grata
A tu hablar trasladó.
¡Oh imagen perfectísima del orden

Que liga en lazos fáciles el mundo,
Sólo en los brazos de la paz fecundo,
Sólo amable en la paz!
En vano con espléndido aparato
Finge el arte solícito grandezas:
Natura vence con sencillo ornato
Tan altivo disfraz.
Monarcas, que los pérsicos tesoros
Ostentáis con magnífica porfía,
Copiad el brillo de un sereno día
Sobre el azul del mar:
O copie estudio de émula hermosura
De mi deidad el mágico descuido;
Antes veremos la estrellada altura
Los hombres escalar.
Tú, mi verso, en magnánimo ardimiento
Ya las alas del céfiro recibe,
Y al pecho ilustre en que tu numen vive
Vuela, vuela veloz;
Y en los erguidos álamos ufana
Penda siempre esta cítara, aunque nueva;
Que ya a sus ecos hermosura humana
No ha de ensalzar mi voz.

Alberto Lista

67. *AL SUEÑO*

El himno del desgraciado

«Que el grande y el pequeño
Somos iguales lo que dura el sueño.»

LOPE DE VEGA, *Canción*

Desciende a mí, consolador Morfeo,
Unico dios que imploro,
Antes que muera el esplendor febeo
Sobre las playas del adusto moro.
Y en tu regazo el importuno día
Me encuentre aletargado,
Cuando triunfante de la niebla umbría

Asciende al trono del cenit dorado.
  Pierda en la noche y pierda en la mañana
Tu calma silenciosa
Aquel feliz que en lecho de oro y grana
Estrecha al seno la adorada esposa.
  Y el que halagado con los dulces dones
De Pluto y Citeres,
Las que a la tarde fueron ilusiones,
A la aurora verá ciertos placeres.
  No halle jamás la matutina estrella
En los brazos rendido
Al que bebió en los labios de su bella
El suspiro de amor correspondido.
  ¡Ah!, déjalos que gocen. Tu presencia
No turbe su contento;
Que es perpetua delicia su existencia
Y un siglo de placer cada momento.
  Para ellos tiende su brillante velo
La sonrosada aurora,
Y el ave sus amores va cantando,
Y la copia de Abril derrama Flora.
  Para ellos tiende su brillante velo
  Para ellos nace, el orbe colorando,
La noche sosegada,
Y de trémula luz esmalta el cielo,
Y da al amor la sombra deseada.
  Si el tiempo del placer para el dichoso
Huye en veloz carrera,
Une con breve y plácido reposo
Las dichas que ha gozado a las que espera.
  Mas, ¡ay!, a un alma del dolor guarida
Desciende ya propicio;
Cuanto me quites de la odiosa vida,
Me quitarás de mi inmortal suplicio.
  ¿De qué me sirve el súbito alborozo
Que a la aurora resuena,
Si al despertar el mundo para el gozo,
Sólo despierto yo para la pena?
  ¿De qué el ave canora, o la verdura
Del prado que florece,
Si mis ojos no miran su hermosura,
Y el universo para mí enmudece?
  El ámbar de la vega, el blando ruido,

Con que el raudal se lanza,
¿Qué son, ¡ay!, para el triste que ha perdido,
Ultimo bien del hombre, la esperanza?
  Girará en vano, cuando el sol se ausente
La esfera luminosa;
En vano, de almas tiernas confidente,
Los campos bañará la luna hermosa.
  Esa blanda tristeza que derrama
A un pecho enamorado,
Si su tranquila amortiguada llama
Resbala por las faldas del collado,
  No es para un corazón de quien ha huido
La ilusión lisonjera,
Cuando pidió, del desengaño herido,
Su triste antorcha a la razón severa.
  Corta el hilo a mi acerba desventura,
Oh tú, sueño piadoso;
Que aquellas horas que tu imperio dura
Se iguala el infeliz con el dichoso.
  Ignorada de sí yazca mi mente,
Y muerto mi sentido;
Empapa el ramo, para herir mi frente,
En las tranquilas aguas del olvido.
  De la tumba me iguale tu beleño
A la ceniza yerta,
Sólo, ¡ay de mí!, que del eterno sueño,
Mas felice que yo, nunca despierta.
  Ni aviven mi existencia interrumpida
Fantasmas voladores,
Ni los sucesos de mi amarga vida
Con tus pinceles lánguidos colores.
  No me acuerdes crüel de mi tormento
La triste imagen fiera;
Bástale su malicia al pensamiento,
Sin darle tú el puñal para que hiera.
  Ni me halagues con pérfidos placeres,
Que volarán contigo;
Y el dolor de perderlos cuando huyeres
De atreverme a gozar será el castigo.
  Deslízate callado, y encadena
Mi ardiente fantasía;
Que asaz libre será para la pena
Cuando me entregues a la luz del día.

Ven, termina la mísera querella
De un pecho acongojado.
¡Imagen de la muerte! después de ella
Eres el bien mayor del desgraciado.

Manuel José Quintana

68. *A ESPAÑA, DESPUES DE LA REVOLUCION DE MARZO*

¿Qué era, decidme, la nación que un día
Reina del mundo proclamó el destino,
La que a todas las zonas extendía
Su cetro de oro y su blazón divino?
Volábase a Occidente,
Y el vasto mar Atlántico sembrado
Se hallaba de su gloria y su fortuna.
Do quiera España: en el preciado seno
De América, en el Asia, en los confines
Del Africa, allí España. El soberano
Vuelo de la atrevida fantasía
Para abarcarla se cansaba en vano;
La tierra sus mineros le rendía,
Sus perlas y coral el Océano.
Y donde quier que revolver sus olas
El intentase, a quebrantar su furia
Siempre encontraba costas españolas,
Ora en el cieno del oprobio hundida,
Abandonada a la insolencia ajena,
Como esclava en mercado, ya aguardaba
La ruda argolla y la servil cadena.
¡Qué de plagas, oh Dios! Su aliento impuro
La pestilente fiebre respirando,
Infestó el aire, emponzoñó la vida;
La hambre enflaquecida
Tendió sus brazos lívidos, ahogando
Cuanto el contagio perdonó; tres veces
De Jano el templo abrimos,

Y a la trompa de Marte aliento dimos;
Tres veces, ¡ay!, los dioses tutelares
Su escudo nos negaron, y nos vimos
Rotos en tierra y rotos en los mares.
¿Qué en tanto tiempo viste
Por tus inmensos términos, oh Iberia?
¿Qué viste ya sino funesto luto,
Honda tristeza, sin igual miseria,
De tu vil servidumbre acerbo fruto?
Así, rota la vela, abierto el lado,
Pobre bajel a naufragar camina,
De tormenta en tormenta despeñado,
Por los yermos del mar; ya ni en su popa
Las guirnaldas se ven que antes la ornaban,
Ni en señal de esperanza y de contento
La flámula riendo al aire ondea.
Cesó su dulce canto pasajero,
Ahogó su vocerío
El ronco marinero,
Terror de muerte en torno lo rodea,
Terror de muerte silencioso y frío;
Y él va a estrellarse al áspero bajío.
Llega el momento, en fin; tiende su mano
El tirano del mundo al occidente,
Y fiero exclama: «El occidente es mío.»
Bárbaro gozo en su ceñuda frente
Resplandeció, como en el seno oscuro
De nube tormentosa en el estío
Relámpago fugaz brilla un momento
Que añade horror con su fulgor sombrío.
Sus guerreros feroces
Con gritos de soberbia el viento llenan;
Gimen los yunques, los martillos suenan,
Arden las forjas. ¡Oh vergüenza! ¿Acaso
Pensáis que espadas son para el combate
Las que mueven sus manos codiciosas?
No en tanto os estiméis: grillos, esposas,
Cadenas son que en vergonzosos lazos
Por siempre amarren tan inertes brazos.
Estremecióse España
Del indigno rumor que cerca oía,
Y al grande impulso de su justa saña

Rompió el volcán que en su interior hervía.
Sus déspotas antiguos
Consternados y pálidos se esconden;
Resuena el eco de venganza en torno,
Y del Tajo las márgenes responden:
«¡Venganza!» ¿Dónde están, sagrado río,
Los colosos de oprobio y de vergüenza
Que nuestro bien en su insolencia ahogaban?
Su gloria fue, nuestro esplendor comienza;
Y tú, orgulloso y fiero,
Viendo que aun hay Castilla y castellanos,
Precipitas al mar tus rubias ondas,
Diciendo: «Ya acabaron los tiranos.»
¡Oh triunfo! ¡Oh gloria! ¡Oh celestial momento!
¿Con qué puede ya dar al labio mío
El nombre augusto de la patria al viento?
Yo lo daré; mas no en el arpa de oro
Que mi cantar sonoro
Acompañó hasta aquí; no aprisionado
En estrecho recinto, en que se apoca
El numen en el pecho
Y el aliento fatídico en la boca.
Desenterrad la lira de Tirteo,
Y al aire abierto, a la radiante lumbre
Del sol, en la alta cumbre
Del riscoso y pinífero Fuenfría,
Allí volaré yo, y allí cantando
Con voz que atruene en derredor la sierra,
Lanzaré por los campos castellanos
Los ecos de la gloria y de la guerra.
¡Guerra, nombre tremendo, ahora sublime,
Unico asilo y sacrosanto escudo
Al ímpetu sañudo
Del fiero Atila que a occidente oprime!
¡Guerra, guerra, españoles! En el Betis
Ved del Tercer Fernando alzarse airada
La augusta sombra; su divina frente
Mostrar Gonzalo en la imperial Granada;
Blandir el Cid su centelleante espada,
Y allá sobre los altos Pirineos,
Del hijo de Jimena
Animarse los miembros giganteos.

En torvo ceño y desdeñosa pena
Ved cómo cruzan por los aires vanos;
Y el valor exhalando que se encierra
Dentro del hueco de sus tumbas frías,
En fiera y ronca voz pronuncian: «¡Guerra!
¡Pues qué! ¿Con faz serena
Vierais los campos devastar opimos,
Eterno objeto de ambición ajena,
Herencia inmensa que afanando os dimos?
Despertad, raza de héroes: el momento
Llegó ya de arrojarse a la victoria;
Que vuestro nombre eclipse nuestro nombre,
Que vuestra gloria humille nuestra gloria.
No ha sido en el gran día
El altar de la patria alzado en vano
Por vuestra mano fuerte.
Juradlo, ella os lo manda: *¡Antes la muerte*
Que consentir jamás ningún tirano!»
Sí, yo lo juro, venerables sombras;
Yo lo juro también, y en este instante
Ya me siento mayor. Dadme una lanza,
Ceñidme el casco fiero y refulgente;
Volemos al combate, a la venganza;
Y el que niegue su pecho a la esperanza,
Hunda en el polvo la cobarde frente.
Tal vez el gran torrente
De la devastación en su carrera
Me llevará. ¿Qué importa? ¿Por ventura
No se muere una vez? ¿No iré, expirando,
A encontrar nuestros ínclitos mayores?
«¡Salud, oh padres de la patria mía,»
Yo les diré, «¡salud! La heroica España
De entre el estrago universal y horrores
Levanta la cabeza ensangrentada,
Y vencedora de su mal destino,
Vuelve a dar a la tierra amedrentada
Su cetro de oro y su blasón divino.»

Juan Nicasio Gallego

69. ELEGIA A LA MUERTE DE LA DUQUESA DE FRIAS

Al sonante bramido
Del piélago feroz que el viento ensaña
Lanzando atrás del Turia la corriente;
En medio al denegrido
Cerco de nubes que de Sirio empaña
Cual velo funeral la roja frente;
Cuando el cárabo oscuro
Ayes despide entre la breña inculta,
Y a tardo paso soñoliento Arturo
En el mar de occidente se sepulta;
A los mustios reflejos
Con que en las ondas alteradas tiembla
De moribunda luna el rayo frío,
Daré, del mundo y de los hombres lejos,
Libre rienda al dolor del pecho mío.
Sí, que al mortal a quien del hado el ceño
A infortunios sin término condena,
Sobre su cuello mísero cargando
De uno en otro eslabón larga cadena,
No en jardín halagüeño,
Ni al puro ambiente de apacible aurora
Soltar conviene el lastimero canto
Con que al cielo importuna.
Solitario arenal, sangrienta luna
Y embravecidas olas acompañen
Sus lamentos fatídicos. ¡Oh lira
Que escenas sólo de aflicción recuerdas;
Lira que ven mis ojos con espanto
Y a recorrer tus cuerdas
Mi ya trémula mano se resiste!
Ven, lira del dolor. ¡Piedad no existe!
¡No existe, y vivo yo! ¡No existe aquella
Gentil, discreta, incomparable amiga,
Cuya presencia sola
El tropel de mis penas disipaba!

¿Cuándo en tal hermosura alma tan bella
De la corte española
Más digno fue y espléndido ornamento?
¡Y aquel mágico acento
Enmudeció por siempre, que llenaba
De inefable dulzura el alma mía!
Y ¡qué! fortuna impía,
¿Ni su postrer adiós oír me dejas?
¿Ni de su esposo amado
Templar el llanto y las amargas quejas?
¿Ni el estéril consuelo
De acompañar hasta el sepulcro helado
Sus pálidos despojos?
¡Ay! Derramen sin duelo
Sangre mi corazón, llanto mis ojos.
¿Por qué, por qué a la tumba,
Insaciable de víctimas, tu amigo
Antes que tú no descendió, Señora?
¿Por qué al menos contigo
La memoria fatal no te llevaste
Que es un tormento irresistible ahora?
¿Qué mármol hay que pueda
En tan acerba angustia los aciagos
Recuerdos resistir del bien perdido?
Aun resuena en mi oído
El espantoso obús lanzando estragos,
Cuando mis ojos ávidos te vieron
Por la primera vez. Cien bombas fueron
A tu arribo marcial salva triunfante.
Con inmóvil semblante
Escucho amedrentado el son horrendo
De los globos mortíferos, en torno
Del leño frágil a tus pies cayendo,
Y el agua que a su empuje se encumbraba
Y hasta las altas grímpolas saltaba.
El dulce soplo de Favonio en tanto
Las velas hinche del bajel ligero,
Sin que salude con festivo canto
La suspirada costa el marinero.
Ardiendo de la patria en fuego santo,
Insensible al horror del bronce fiero,
Fijar te miro impávida y serena

La planta breve en la menuda arena.
—¡Salve, oh Deidad!—del gaditano muro
Grita la muchedumbre alborozada;
—¡Salve, oh Deidad!—de gozo enajenada
La ruidosa marina
Que a ti se agolpa y en bajel rodea;
Y al cielo sube el aclamar sonoro
Como al aplauso del celeste coro
Salió del mar la hermosa Citerea.
Absortas contemplaron
El fuego de sus ojos
Las bellas ninfas de la bella Gades;
Absortas te envidiaron
El pie donoso y la mejilla pura,
El vivo esmalte de tus labios rojos,
El albo seno y la gentil cintura.
Yo te miraba atónito: no empero
Sentí en el alma el pasador agudo
De bastarda pasión; que a dicha pudo
Del honor y deber la ley severa
Ser a mi pecho impenetrable escudo.
Mas ¿quién el homenaje
De afecto noble, de amistad sincera
Cual yo te tributó, cuando el tesoro
De tu divino ingenio descubría,
Que en cuerpo tan gallardo relucía
Como rico brillante en joya de oro?
¡Cuántas, ay, qué apacibles
Horas en dulces pláticas pasadas
Betis me viera de tu voz pendiente!
Cuántas en las calladas
Florestas de Aranjuez el eco blando
Detuvo el paso a la tranquila fuente;
Ya el primor ensalzando
Que al fragante clavel las hojas riza
Y la ancha cola del pavón matiza;
Ya la varia fortuna
Del cetro godo y del laurel romano;
O del poder sobrehumano
Que de un soplo derroca
Del alto solio al triunfador de Jena
Y con duras amarras le encadena,

Como al antiguo Encélado, a una roca.
Pero otro don magnífico, sublime,
Más alto que el ingenio y la hermosura,
Debiste al Criador, vivaz destello
De su lumbre inmortal, alma ternura.
¿Cuándo, cuándo al gemido
Negó del infeliz oro tu mano,
Ayes tu corazón? El escondido
Volcán que decoroso
Tu noble aspecto revelaba apenas,
Un infortunio, un rasgo generoso,
Un sacrificio heroico hervir hacía.
Entonces agitado
Tu rostro angelical resplandecía
Del más purpúreo rosicler cubierto:
Del seno revelado
La extraña conmoción, el entreabierto
Labio, las refulgentes
Ráfagas de tus ojos
Que entre los anchos párpados brillaban,
Las lágrimas ardientes
Que a tus negras pestañas asomaban,
El gesto, el ademán, los mal seguros
Acentos, la expresión... ¡Ah! Nunca, nunca
Tan insigne modelo
De estro feliz, de inspiración divina
Mostró Casandra en los dardanios muros
Ni en las lides olímpicas Corina.
Y sólo al santo fuego
De un pecho tan magnánimo pudiera
Deber tu amigo el aire que respira.
Sólo a tu blando ruego
La Amistad se vistiera
Máscara y formas del Amor su hermano.
¿Quién sino tú, señora,
Dejando inquieta la mullida pluma
Antes que el frío tálamo la Aurora,
Entrar osara en la mansión del crimen?
¿Quién sino tú del duro carcelero,
Menos al son del oro empedernido
Que al eco de los míseros que gimen,
Quisiera el ceño soportar? Perdona,

Cara Piedad, que mi indiscreta musa
Publique al mundo tan heroico ejemplo,
Y que mi gratitud cuelgue en el templo
De la santa Amistad digna corona.
En el mezquino lecho
De cárcel solitaria
Fiebre lenta y voraz me consumía,
Cuando, sordo a mis quejas,
Rayaba apenas en las altas rejas
El perezoso albor del nuevo día.
De planta cautelosa
Insólito rumor hiere mi oído;
Los vacilantes ojos
Clavo en la ruda puerta, estremecido
Del súbito crujir de sus cerrojos,
Y el repugnante gesto
Del fiero alcaide mi atención excita,
Que hacia mí sin cesar su mano agita
Con labio mudo y sonreír funesto.
Salto del lecho, y sígole azorado,
Cruzando los revueltos corredores
De aquella triste y lóbrega caverna
Hasta un breve recinto iluminado
De moribunda y fúnebre linterna.
Y a par que por oculto
Tránsito desparece
Como visión fantástica el cerbero,
De nuevo extraño bulto,
Sombra confusa, que se acerca y crece,
La angustia dobla de mi horror primero.
Mas ¡cuál mi asombro fue cuando improvisa
A la pálida luz mi vista errante
Los bellos rasgos de Piedad divisa
Entre los pliegues del cendal flotante!
«¿Por qué, por qué benigna»,
Clamé bañado en llanto de alborozo,
«Osas pisar, Señora,
Esta morada indigna
Que tu respeto y tu virtud desdora?
¡Ah!, si a la fuerza del inmenso gozo,
Del placer celestial que el alma oprime,
Hoy a tus plantas expirar consigo,

Mi fiebre, mi prisión, mi fin bendigo.
»A este oscuro aposento
No a que de pena o de placer expires
La voz de la amistad mis pasos guía,
Sino a esforzar tu desmayado aliento
Contra los golpes de la suerte impía.
Su cuello al susto y la congoja doble
El que del crimen en su pecho sienta
El punzante aguijón; que al alma noble
Do la inocencia plácida se anida,
Ni el peso de los grillos la atormenta,
Ni el son de los cerrojos la intimida.
Recobra, amigo caro,
La esperanza marchita
Y el digno esfuerzo del varón constante.
Pronto será que el astro rutilante,
Que jamás estas bóvedas visita,
De la calumnia vil triunfar te vea:
Mi fausto anuncio tu consuelo sea.
»Serálo, sí; lo juro;
Y aunque ese llanto que tu rostro inunda
Vaticinio tan próspero desmiente,
No me hará de fortuna el torvo ceño
Fruncir las cejas ni arrugar la frente;
Que el dichoso mortal a quien risueño
Mira el destino...» ¡No acabé! A deshora
La aciaga voz del carcelero escucho,
Diciendo: «Es tarde; baste ya, Señora.»
«¡Adiós! ¡adiós! Del vulgo malicioso
Que al despuntar del sol sacude el sueño
Temo el labio mordaz. ¡Adiós te queda!»
«Aguarda»... «¡Adiós!»... Y en soledad sumido
Oigo, ¡ay de mí!, del caracol torcido
Barrer las gradas la crujiente seda.
¡Oh digno, oh generoso
Dechado de amistad! ¡Oh alegre día!
¿Y dónde estás, en dónde,
Angel consolador, Duquesa amada,
Que no te mueve ya la angustia mía?
¡Gran Dios, y ni responde
De su esposo infeliz al caro acento,
Aunque en la tumba helada

Lágrimas de dolor vierte a raudales!
¡Ni de su triste huérfana el lamento,
Con ambos brazos al sepulcro asida,
Ablanda sus entrañas maternales!
¡Oh dulces prendas de su amor! Al mármol
En vano importunáis. Hará el rocío
Del venidero abril que al campo vuelva
La verde pompa que abrasó el estío;
Mas no esperéis que el túmulo sombrío
La devorada víctima devuelva,
Ni a sus profundos huecos
Otra respuesta oír que sordos ecos.
En él de bronce y oro,
Inclito vate,[1] estallarán cinceles
Vuestro heroico blasón, entretejiendo
Con palmas tus laureles...
¡Inútil afanar! La sien ceñida
De adelfa y mirto, pulsará tu mano
La dolorosa cítara, moviendo
El orbe todo a compasión... ¡En vano!
Resonarán con ellas
Mis gemidos simpáticos, y el coro
De cuantos cisnes tu infortunio inspira
Alzar podrá a su gloria
Noble trofeo en canto peregrino.
Mas, ¡ay!, ¿podrá su lira
Forzar las puertas del Edén divino
Y el diente ensangrentado
Del áspid arrancar en ti clavado?
A más alto poder, mísero amigo,
Los ojos torna y el clamor dirige
Que entre sollozos lúgubres exhalas.
Al Ser inmenso que los orbes rige,
En las rápidas alas
De ferviente oración remonta el vuelo.
Yo elevaré contigo
Mis tiernos votos, y al gemir de aquella,
Que en mis brazos creció, cándida niña,

[1] Alude al Duque de Frías, poeta y político español.

Trasunto vivo de tu esposa bella,
Dará benigno el cielo
Paz a su madre, a tu aflicción consuelo.
Sí; que hasta el solio del Eterno llega
El ardiente suspiro
De quien con puro corazón le ruega,
Como en su templo santo el humo sube
Del balsámico incienso en vaga nube.

Juan María Maury

70. *LA TIMIDEZ*

A las márgenes alegres
Que el Guadalquivir fecunda,
Y donde ostenta pomposo
El orgullo de su cuna,
Vino Rosalba, sirena
De los mares que tributan
A España, entre perlas y oro,
Peregrinas hermosuras,
Más festiva que las auras,
Más ligera que la espuma,
Hermosa como los cielos,
Gallarda como ninguna,
Con el hechicero adorno
De tantas bellezas juntas,
No hay corazón que no robe,
Ni quietud que no destruya.
Así Rosalba se goza,
Mas la que tanto procura
Avasallar libertades,
Al cabo empeña la suya.
Lisardo, joven amable,
Sobresale entre la turba
De esclavos que por Rosalba
Sufren de amor la coyunda.
Tal vez sus floridos años
No bien de la edad adulta

Acaban de ver cumplida
La primavera segunda.
  Aventajado en ingenio,
Rico en bienes de fortuna,
Dichoso, en fin, si supiera
Que audacias amor indulta,
  Idólatra más que amante,
Con adoración profunda,
A Rosalba reverencia,
Y deidad se la figura.
  Un día alcanza a otro día
Sin que su amor le descubra:
El respeto le encadena
Y ella su respeto culpa.
  Bien a Lisardo sus ojos
Dijeran que más presuma;
Pero él, comedido amante,
O los huye o no los busca.
  Perdido y desconsolado,
Una noche en que natura
A meditación convida
Con su pompa taciturna,
  Mientras el disco mudable,
En que ceñirse acostumbra,
Entre celajes de nácar
Esconde tímida luna;
  Al margen del sacro río
La inocente suerte acusa,
Y así fatiga los aires
Con endechas importunas:
    «Baja tu velo
  Amor altivo,
  Mira que al cielo
  Osado va;
  Buscas en vano
  Correspondencia;
  Amor insano,
  Déjame ya.
    »Déjame el alma
  Que otra vez libre
  Plácida calma
  Vuelva a tener:

¡Qué digo, necio!
El cielo sabe
Si más aprecio
Mi padecer.
»Gima y padezca,
Una esperanza
Sin que merezca
A mi deidad;
Sin que le pida
Jamás el premio
De mi perdida
Felicidad.
»Tímida boca,
Nunca le digas
La pasión loca
Del corazón,
Adonde oculto
Está su templo,
Y ofrenda y culto
Lágrimas son.»
Más dijera, pero el llanto,
En que sus ojos abundan,
Le interrumpe, y las palabras
En la garganta se anudan.
Cuando junto a la ribera,
En un valle donde muchas
Del árbol grato a Minerva
Opimas ramas se cruzan,
Süave cuanto sonora,
Lisardo otra voz escucha,
Que, enamorando los ecos
Tales acentos modula:
«Prepara el ensayo
De más atractivos
La rosa en los vivos
Albores de mayo:
»Si al férvido rayo
Su cáliz expone,
Que el sol la corone
En premio ha logrado,
Y es reina del prado
Y amor de Dïone.

»¡Oh fuente! En eterno
Olvido quedaras
Si no te lanzaras
Del seno materno;
»Tal vez el invierno
Tu curso demora,
Mas tú, vencedora,
Burlando las nieves,
A tu ímpetu debes
Los besos de Flora.
»Y tú, que en dolores
Consumes los años,
Autor de tus daños
Por vanos temores
»En pago de amores
No temas enojos,
Enjuga los ojos;
Que el dios que te hiere
Más culto no quiere
Que audacias y arrojos.»
Rayo son estas palabras
Que al ciego joven alumbran.
Quien su engaño reconoce
Y la voz que las pronuncia.
Y al valle se arroja, adonde
Testigos de su ventura
Fueron las amigas sombras
De la noche y selva muda;
Mas muda la selva en vano
Y en vano la sombra oscura;
No sufre orgullosa Venus
Que sus victorias se encubran.
Lo que celaron los ramos
Las cortezas lo divulgan,
Que en ellas dulces memorias
Con emblemas perpetúan.
Las Náyades en los troncos
Le fe y amor que se juran
Leyeron, y ruborosas
Se volvieron a sus urnas.

José Joaquín de Mora

71. *EL ESTIO*

Hermosa fuente que el vecino río
Sonora envías tu cristal undoso,
Y tú, blanda cual sueño venturoso,
Yerba empapada en matinal rocío:
Augusta soledad del bosque umbrío
Que da y protege el álamo frondoso,
Amparad de verano riguroso
Al inocente y fiel rebaño mío.
Que ya el suelo feraz de la campiña
Selló julio con planta abrasadora
Y su verdura a marchitar empieza;
Y alegre ve la pampanosa viña
En sus yemas la savia bienhechora
Nuncio feliz de la otoñal riqueza.

Andrés Bello

72. *LA AGRICULTURA DE LA ZONA TORRIDA*

¡Salve, fecunda zona,
Que al sol enamorado circunscribes
El vago curso, y cuanto ser se anima
En cada vario clima,
Acariciada de su luz, concibes!
Tú tejes al verano su guirnalda
De granadas espigas; tú la uva
Das a la hirviente cuba:
No de purpúrea flor, o roja, o gualda
A tus florestas bellas
Falta matiz alguno; y bebe en ellas
Aromas mil el viento;
Y greyes van sin cuento
Padeciendo tu verdura, desde el llano
Que tiene por lindero el horizonte,
Hasta el erguido monte,
De inaccesible nieve siempre cano.

Tú das la caña hermosa,
De do la miel se acendra,
Por quien desdeña el mundo los panales:
Tú en urnas de coral cuajas la almendra
Que en la espumeante jícara rebosa:
Bulle carmín viviente en tus nopales,
Que afrenta fuera al múrice de Tiro;
Y de tu añil la tinta generosa
Emula es de la lumbre del zafiro;
El vino es tuyo, que la herida agave
Para los hijos vierte
Del Anáhuac feliz; y la hoja es tuya
Que cuando de süave
Humo en espiras vagorosas huya,
Solazará el fastidio al ocio inerte.
Tú vistes de jazmines
El arbusto sabeo,
Y el perfume le das que en los festines
La fiebre insana templará a Liceo.
Para tu hijos la procera palma
Su vario feudo cría,
Y el ananás sazona su ambrosía:
Su blanco pan la yuca,
Sus rubias pomas la patata educa,
Y el algodón despliega al aura leve
Las rosas de oro y el vellón de nieve.
Tendida para ti la fresca parcha
En enramadas de verdor lozano,
Cuelga de sus sarmientos trepadores
Nectáreos globos y franjadas flores;
Y para ti el maíz, jefe altanero
De la espigada tribu, hinche su grano;
Y para ti el banano
Desmaya al peso de su dulce carga;
El banano, primero
De cuantos concedió bellos presentes
Providencia a las gentes
Del Ecuador feliz con mano larga.
No ya de humanas artes obligado
El premio rinde opimo:
No es a la podadera, no al arado
Deudor de su racimo;

Escasa industria bástale, cual puede
Hurtar a sus fatigas mano esclava:
Crece veloz, y cuando exhausto acaba,
Adulta prole en torno le sucede.
  Mas ¡oh! si cual no cede
El tuyo, fértil zona, a suelo alguno,
Y como de natura esmero ha sido,
De tu indolente habitador lo fuera.
¡Oh! ¡Si al falaz rüido
La dicha al fin supiese verdadera
Anteponer, que del umbral le llama
Del labrador sencillo,
Lejos del necio y vano
Fausto, el mentido brillo,
El ocio pestilente ciudadano.
¿Por qué ilusión funesta
Aquellos que fortuna hizo señores
De tan dichosa tierra y pingüe y varia,
Al cuidado abandonan
Y a la fe mercenaria
Las patrias heredades,
Y en el ciego tumulto se aprisionan
De míseras ciudades,
Do la ambición proterva
Sopla la llama de civiles bandos,
O al patriotismo la desidia enerva;
Do el lujo las costumbres atosiga,
Y combaten los vicios
La incauta edad en poderosa liga?
No allí con varoniles ejercicios
Se endurece el mancebo a la fatiga;
Mas la salud estraga en el abrazo
De pérfida hermosura,
Que pone en almoneda los favores;
Mas pasatiempo estima
Prender aleve en casto seno el fuego
De ilícitos amores;
O embebecido le hallará la aurora
En mesa infame de ruinoso juego.
En tanto a la lisonja seductora
Del asiduo amador fácil oído
Da la consorte: crece

En la materna escuela
De la disipación y el galanteo
La tierna virgen, y al delito espuela
Es antes el ejemplo que el deseo.
¿Y será que se formen de este modo
Los ánimos heroicos denodados
Que fundan y sustentan los Estados?
¿De la algazara del festín beodo,
O de los coros de liviana danza,
La dura juventud saldrá, modesta,
Orgullo de la patria y esperanza?
¿Sabrá con firme pulso
De la severa ley regir el freno,
Brillar en torno aceros homicidas
En la dudosa lid verá sereno,
O animoso hará frente al genio altivo
Del engreído mando en la tribuna,
Aquel que ya en la cuna
Durmió al arrullo del cantar lascivo,
Que riza el pelo, y se unge y se atavía
Con femenil esmero,
Y en indolente ociosidad el día,
O en criminal lujuria pasa entero?
No así trató la triunfadora Roma
Las artes de la paz y de la guerra;
Antes fio las riendas del Estado
A la mano robusta
Que tostó el sol y encalleció el arado:
Y bajo el techo humoso campesino
Los hijos educó, que el conjurado
Mundo allanaron al valor latino.

¡Oh! ¡Los que afortunados poseedores
Habéis nacido de la tierra hermosa
En que reseña hacer de sus favores,
Como para ganaros y atraeros,
Quiso naturaleza bondadosa,
Romped el duro encanto
Que os tiene entre murallas prisioneros!
El vulgo de las artes laborioso,
El mercader que, necesario al lujo,
Al lujo necesita,

Los que anhelando van tras el señuelo
Del alto cargo y del honor ruidoso,
La grey de aduladores parasita,
Gustosos pueblen ese infecto caos;
El campo es vuestra herencia: en él gozaos.
¿Amais la libertad? El campo habita:
No allá donde el magnate
Entre armados satélites se mueve,
Y de la moda, universal señora,
Va la razón al triunfal carro atada,
Y a la fortuna la insensata plebe,
Y el noble al aura popular adora.
¿O la virtud amáis? ¡Ah! ¡Que el retiro,
La solitaria calma
En que, juez de sí misma, pasa el alma
A las acciones muestra,
Es de la vida la mejor maestra!
¿Buscáis durables goces,
Felicidad, cuanta es al hombre dada
Y a su terreno asiento, en que vecina
Está la risa al llanto, y siempre ¡ah! siempre,
Donde halaga la flor, punza la espina?
Id a gozar la suerte campesina;
La regalada paz, que ni rencores,
Al labrador, ni envidias acibaran;
La cama que mullida le preparan
El contento, el trabajo, el aire puro;
Y el sabor de los fáciles manjares,
Que dispendiosa gula no le aceda;
Y el asilo seguro
De sus patrios hogares
Que a la salud y al regocijo hospeda.
El aura respirad de la montaña,
Que vuelve al cuerpo laso
El perdido vigor, que a la enojosa
Vejez retarda el paso,
Y el rostro a la beldad tiñe de rosa.
¿Es allí menos blanda por ventura
De amor la llama, que templó el recato?
¿O menos aficiona la hermosura
Que de extranjero ornato
Y afeites impostores no se cura?

¿O el corazón escucha indiferente
El lenguaje inocente
Que los afectos sin disfrute expresa
Y a la intención ajusta la promesa?
No del espejo al importuno ensayo
La risa se compone, el paso, el gesto;
No falta allí carmín al rostro honesto
Que la modestia y la salud colora,
Ni la mirada que lanzó al soslayo
Tímido amor, la senda al alma ignora.
¿Esperáis que forme
Más venturosos lazos himeneo,
Do el interés barata,
Tirano del deseo,
Ajena mano y fe por hombre o plata,
Que do conforme gusto, edad conforme,
Y elección libre y mutuo ardor los ata?

Allí también deberes
Hay que llenar: cerrad, cerrad las hondas
Heridas de la guerra; el fértil suelo,
Aspero ahora y bravo,
Al desacostumbrado yugo torne
Del arte humana y le tribute esclavo.
Del obstruido estanque y del molino
Recuerden ya las aguas el camino;
El intrincado bosque el hacha rompa,
Consuma el fuego; abrid en luengas calles
La obscuridad de su infructuosa pompa.
Abrigo den los valles
A la sedienta caña;
La manzana y la pera
En la fresca montaña
El cielo olviden de su madre España;
Adorne la ladera
El cafetal; ampare
A la tierra teobroma en la ribera
La sombra maternal de su bucare;
Aquí el vergel, allá la huerta ría...
¿Es ciego error de ilusa fantasía?
Ya dócil a tu voz, agricultura,
Nodriza de las gentes, la caterva
Servil armada va de corvas haces;

Mírola ya que invade, la espesura
De la floresta opaca; oigo las voces
Siento el rumor confuso, el hierro suena;
Los golges el lejano
Eco redobla gime el ceibo anciano,
Que a numerosa tropa
Largo tiempo fatiga:
Batido de cien hachas se estremece,
Estalla al fin, y rinde el ancha copa.
Huyó la fiera; deja el caro nido
Deja la prole implume
El ave, y otro bosque no sabido
De los humanos, va a buscar doliente...
¿Qué miro? Alto torrente
De sonorosa llama
Corre y sobre las áridas ruinas
De la postrada selva se derrama.
El raudo incendio a gran distancia brama,
Y el humo en negro remolino sube,
Aglomerando nube sobre nube.
Ya de lo que antes era
Verdor hermoso y fresca lozanía
Sólo difuntos troncos,
Sólo cenizas quedan, monumento
De la dicha mortal burla del viento.
Mas al vulgo bravío
De las tupidas plantas montaraces
Sucede ya el fructífero plantío
En nuestra ufana de ordenados haces.
Ya ramo a ramo alcanza
Y a los rollizos tallos hurta el día:
Ya la primera flor desvuelve el seno,
Bello a la vista, alegre a la esperanza:
A la esperanza que riendo enjuga
Del fatigado agricultor la frente;
Y allá a lo lejos el opimo fruto
Y la cosecha apañadora pinta,
Que lleva de los campos el tributo,
Colmado el cesto y con la falda encinta;
Y bajo el peso de los largos bienes
Con que al colono acude,

Hace crujir los vastos almacenes.
¡Buen Dios!, no en vano sude,
Mas a merced y compasión te mueva
La gente agricultora
Del Ecuador que del desmayo triste
Con renovado aliento vuelve ahora,
Y tras tanta zozobra, ansia, tumulto
Tantos años de fiera
Devastación y militar insulto
Aún más que tu clemencia antigua implora.
Su rústica piedad, pero sincera
Halle a tus ojos gracia; no el risueño
Porvenir que las penas le aligera,
Cual de dorado sueño
Visión falaz, desvanecido llore:
Intempestiva lluvia no maltrate
El delicado embrión: el diente impío
Del insecto roedor no lo devore:
Sañudo vendaval no lo arrebate
Ni agote el árbol el materno jugo
La calorosa sed de largo estío.
Y pues al fin te plugo,
Arbitro de la suerte soberano,
Que suelto el cuello de extranjero yugo
Irguiese al cielo el hombre americano
Bendecida de ti se arraigue y medre
Su libertad; en el más hondo encierra
De los abismos la malvada guerra,
Y el miedo de la espada asoladora
Al suspicaz cultivador no arredre
Del arte bienhechora,
Que las familias nutre y los Estados;
La azorada inquietud deje las almas
Deje la triste herrumbre los arados.
Asaz de nuestros padres malhadados
Expiamos la bárbara conquista.
¿Cuántas doquier la vista
No asombran erizadas soledades,
Do cultos campos fueron, do ciudades?
De muertes proscripciones,
Suplicios, orfandades
¿Quién contará la pavorosa suma?

Saciadas duermen ya de sangre ibera
Las sombras de Atahualpa y Moctezuma.
¡Ah! Desde el alto asiento
En que escabel te son alados coros
Que velan en pasmado acatamiento
La faz ante la lumbre de tu frente
(Si merece por dicha una mirada
Tuya la sin ventura humana gente),
El ángel nos envía
El ángel de la paz, que al crudo ibero
Haga olvidar la antigua tiranía,
Y acatar reverente el que a los hombres
Sagrado diste, imprescriptible fuero;
Que alargar le haga al injuriado hermano
(¡Ensangrentóla asaz!) la diestra inerme;
Y si la innata mansedumbre duerme,
La despierte en el pecho americano.
El corazón lozano
Que una feliz obscuridad desdeña,
Que en el azar sangriento del combate
Alborozado late,
Y codicioso de poder o fama,
Nobles peligros ama;
Baldón estime sólo y vituperio
El prez que de la patria no reciba,
La libertad más dulce que el imperio,
Y más hermosa que el laurel la oliva,
Ciudadano el soldado,
Deponga de la guerra la librea;
El ramo de victoria
Colgado al ara de la patria sea,
Y sola adorne al mérito la gloria.
De su triunfo entonces patria mía,
Verá la paz el suspirado día;
La paz, a cuya vista el mundo llena
Alma, serenidad y regocijo,
Vuelve alentado el hombre a la faena,
Alza el ancla la nave, a las amigas
Auras encomendándose animosa,
Enjámbrese el taller, hierve el cortijo,
Y no basta la hoz a las espigas.

¡Oh jóvenes naciones, que ceñida
¡Alzáis sobre el atónito Occidente
De tempranos laureles la cabeza!
Honrad al campo, honrad la simple vida
Del labrador y su frugal llaneza.
Así tendrán en vos perpetuamente
La libertad morada,
Y freno la ambición, y la ley templo.
Las gentes a la senda
De la inmortalidad, ardua y fragosa,
Se animarán, citando vuestro ejemplo.
Lo emulará celosa
Vuestra posteridad, y nuevos nombres
Añadiendo la fama
A los que ahora aclama,
«Hijos son éstos, hijos
(Pregonará a los hombres)
De los que vencedores superaron
De los Andes la cima;
De los que en Boyacá, los que en la arena
De Maipo y en Junín, y en la campaña
Gloriosa de Apurima,
Postrar supieron al león de España.»

José María Heredia y Campuzano

73. *NIAGARA*

Dadme mi lira, dádmela: que siento
En mi alma estremecida y agitada
Arder la inspiración. ¡Oh!, ¡cuánto tiempo
En tinieblas pasó, sin que mi frente
Brillase con su luz!... Niágara undoso,
Sola tu faz sublime ya podría
Tornarme el don divino, que ensañada
Me robó del dolor la mano impía.
Torrente prodigioso, calma, acalla
Tu trueno aterrador, disipa un tanto
Las tinieblas que en torno te circundan,

Y déjame mirar tu faz serena,
Y de entusiasmo ardiente mi alma llena.
Yo digno soy de contemplarte siempre,
Lo común y mezquino desdeñando,
Ansié por lo terrífico y sublime
Al despeñarse el huracán furioso,
Al retumbar sobre mi frente el rayo,
Palpitando gocé: vi al Océano
Azotado del austro proceloso
Combatir mi bajel, y ante mis plantas
Sus abismos abrir, y amé el peligro,
Y sus iras amé: mas su fiereza
En mi alma no dejara
La profunda impresión de tu grandeza.
Corres sereno y majestuoso, y luego
En ásperos peñascos quebrantado,
Te abalanzas violento, arrebatado,
Como el destino irresistible y ciego.
¿Qué voz humana describir podría
De la sirte rugiente
La aterradora faz? El alma mía
En vagos pensamientos se confunde,
Al contemplar la férvida corriente,
Que en vano quiere la turbada vista
En su vuelo seguir al borde oscuro
Del precipicio altísimo: mil olas,
Cual pensamiento rápidas pasando,
Chocan y se enfurecen,
Y otras mil y otras mil ya las alcanzan,
Y entre espuma y fragor desaparecen.
Mas llegan... saltan... el abismo horrendo
Devora los torrentes despeñados;
Crúzanse en él mil iris, y asordados
Vuelven los bosques el fragor tremendo.
Al golpe violentísimo en las peñas
Rómpese el agua y salta, y una nube
De revueltos vapores
Cubre el abismo en remolinos, sube,
Gira en torno, y al cielo
Cual pirámide inmensa se levanta,
Y por sobre los bosques que le cercan
Al solitario cazador espanta.

Mas ¿qué en ti busca mi anhelante vista
Con inquieto afanar? ¿Por qué no miro
Alrededor de tu caverna inmensa
Las palmas, ¡ay!, las palmas deliciosas,
Que en las llanuras de mi ardiente patria
Nacen del sol a la sonrisa y crecen
Y al soplo de la brisa del Océano
Bajo un cielo purísimo se mecen?
Este recuerdo a mi pesar me viene.
Nada, ¡oh Niágara!, falta a tu destino,
Ni otra corona que el agreste pino
A tu terrible majestad conviene.
La palma y mirto, y delicada rosa.
Muelle placer inspiren y ocio blando
En frívolo jardín: a ti la suerte
Guarda más digno objeto y más sublime.
El alma libre, generosa y fuerte,
Viene, te ve, se asombra,
Menosprecia los frívolos deleites
Y aun se siente elevar cuando te nombra.
¡Dios, Dios de la verdad!, en otros climas
Vi monstruos execrables
Blasfemando tu nombre sacrosanto,
Sembrar error y fanatismo impío,
Los campos inundar con sangre y llanto,
De hermanos atizar la infanda guerra
Y desolar frenéticos la tierra.
Vilos, y el pecho se inflamó a su vista
En grave indignación. Por otra parte
Vi mentidos filósofos que osaban
Escrutar tus misterios, ultrajarte,
Y de impiedad al lamentable abismo
A los míseros hombres arrastraban:
Por eso siempre te buscó mi mente
En la sublime soledad: ahora
Entera se abre a ti; tu mano siente
En esa inmensidad que me circunda,
Y tu profunda voz baja a mi seno
De este raudal en el eterno trueno.
¡Asombroso torrente!
¡Cómo tu vista mi ánimo enajena
Y de amor y admiración me llena!
¿Do tu origen está? ¿Quién fertiliza

Por tantos siglos tu inexhausta fuente?
¿Qué poderosa mano
Hace que al recibirte
No rebose en la tierra el Océano?
Abrió el Señor su mano omnipotente,
Cubrió tu faz de nubes agitadas,
Dio su voz a tus aguas despeñadas
Y ornó con su arco tu terrible frente.
Miró tus aguas que incansable corren,
Como el largo torrente de los siglos
Rueda en la eternidad: así del hombre
Pasan volando los floridos días
Y despierta el dolor... ¡Ay!, ya agotada
Siento mi juventud, mi faz marchita,
Y la profunda pena que me agita
Ruga mi frente de dolor nublada.
Nunca tanto sentí como este día
Mi mísero aislamiento, mi abandono,
Mi lamentable desamor... ¿Podría
Un alma apasionada y borrascosa
Sin amor ser feliz? ¡Oh! ¡Si una hermosa
Digna de mí me amase
Y de este abismo al borde turbulento
Mi vago pensamiento
Y mi andar solitario acompañase!
¡Cuál gozara al mirar su faz cubrirse
De leve palidez y ser más bella
En su dulce terror, y sonreírse
Al sostenerla en mis amantes brazos...!
¡Delirios de virtud!... ¡Ay!, desterrado,
Sin patria, sin amores,
Sólo miro ante mí llanto y dolores.
¡Niágara poderoso!
Oye mi última voz, en pocos años
Ya devorado habrá la tumba fría
A tu débil cantor. ¡Duren mis versos
Cual tu gloria inmortal! Pueda piadoso,
Al contemplar tu faz algún viajero,
Dar un suspiro a la memoria mía.
Y yo al hundirse el sol en Occidente,
Vuele gozoso do el Criador me llama,
Y al escuchar los ecos de mi fama
Alce en las nubes la radiosa frente.

Duque de Rivas

74. *EL FARO DE MALTA*

Envuelve al mundo extenso triste noche,
Ronco huracán y borrascosas nubes
Confunden, y tinieblas impalpables,
El cielo, el mar, la tierra;
Y tú invisible te alzas, en tu frente
Ostentando de fuego una corona,
Cual rey del caos, que refleja y arde
Con luz de paz y vida.
En vano ronco el mar alza sus montes
y revienta a tus pies, do rebramante
Creciendo en blanca espuma, esconde y borra
El abrigo del puerto:
Tú, con lengua de fuego, aquí está dices,
Sin voz hablando al tímido piloto,
Que como a numen bienhechor te adora,
Y en ti los ojos clava.
Tiende apacible noche el manto rico.
Que el céfiro amoroso desenrolla,
Recamado de estrellas y luceros,
Por él rueda la luna;
Y entonces tú, de niebla vaporosa
Vestido, dejas ver en formas vagas
Tu cuerpo colosal, y tu diadema
Arde al par de los astros.
Duerme tranquilo el mar, pérfido esconde
Rocas aleves, áridos escollos:
Falso señuelo son, lejanas cumbres
Engañan a las naves.
Mas tú, cuyo esplendor todo lo ofusca,
Tú, cuya inmoble posición indica
El trono de un monarca, eres su norte,
Les adviertes su engaño.
Así de la razón arde la antorcha,
En medio del furor de las pasiones
O de aleves halagos de fortuna,

A los ojos del alma.
Desque refugio de la airada suerte
En esta escasa tierra que presides,
Y grato albergue el cielo bondadoso
Me concedió propicio;
Ni una vez sólo a mis pesares busco
Dulce olvido del sueño entre los brazos
Sin saludarte, y sin tornar los ojos
A tu espléndida frente.
¡Cuántos, ay, desde el seno de los mares
Al par los tornarán!... tras larga ausencia
Unos, que vuelven a su patria amada,
A sus hijos y esposa.
Otros prófugos, pobres, perseguidos,
Que asilo buscan, cual busqué lejano,
Y a quienes que lo hallaron tu luz dice,
Hospitalaria estrella,
Arde, y sirve de norte a los bajeles,
Que de mi patria, aunque de tarde en tarde,
Me traen nuevas amargas, y renglones
Con lágrimas escritos.
Cuando la vez primera deslumbrante
Mis afligidos ojos, ¡cuál mi pecho,
Destrozado y hundido en amargura
Palpitó venturoso!
Del Lacio moribundo las riberas
Huyendo inhospitables, contrastado
Del viento y mar entre ásperos bajíos
Vi tu lumbre divina;
Viéronla como yo los marineros,
Y, olvidando los votos y plegarias
Que en las sordas tinieblas se perdían.
¡Malta! ¡Malta!, gritaron;
Y fuiste a nuestros ojos la aureola
Que orna la frente de la santa imagen
En quien busca afanoso peregrino
La salud y el consuelo.
Jamás te olvidaré, jamás... Tan sólo
Trocara tu esplendor, sin olvidarlo,
Rey de la noche, y de tu excelsa cumbre
La benéfica llama,
Por la llama y los fúlgidos destellos

Que lanza, reflejando al sol naciente,
El arcángel dorado que corona
De Córdoba la torre.

75. *UN CASTELLANO LEAL*

ROMANCE PRIMERO

«Hola, hidalgos y escuderos
De mi alcurnia y mi blasón,
Mirad como bien nacidos
De mi sangre y casa en pro.
»Esas puertas se defiendan;
Que no ha de entrar, vive Dios
Por ellas, quien no estuviere
Más limpio que lo está el sol.
»No profane mi palacio
Un fementido traidor
Que contra su Rey combate
Y que a su patria vendió.
»Pues, si él es de Reyes primo,
Primo de Reyes soy yo;
Y conde de Benavente
Si él es duque de Borbón.
»Llevándole de ventaja
Que nunca jamás manchó
La traición mi noble sangre,
Y haber nacido español.»
Así atronaba la calle
Una ya cascada voz,
Que de un palacio salía
Cuya puerta se cerró;
Y a la que estaba a caballo
Sobre un negro pisador,
Siendo en su escudo las lises
Más bien que timbre baldón,
Y de pajes y escuderos
Llevando un tropel en pos

Cubiertos de ricas galas,
El gran duque de Borbón;
El que lidiando en Pavía,
Más que valiente, feroz,
Gozóse en ver prisionero
A su natural señor;
Y que a Toledo ha venido,
Ufano de su traición,
Para recibir mercedes
Y ver al Emperador.

ROMANCE SEGUNDO

En una anchurosa cuadra
Del alcázar de Toledo,
Cuyas paredes adornan
Ricos tapices flamencos,
Al lado de una gran mesa,
Que cubre de terciopelo
Napolitano tapete
Con borlones de oro y flecos,
Ante un sillón de respaldo
Que entre bordado arabesco
Los timbres de España ostenta
Y el águila del imperio,
De pie estaba Carlos Quinto,
Que en España era primero,
Con gallardo y noble talle,
Con noble y tranquilo aspecto.
De brocado de oro y blanco
Viste tabardo tudesco,
De rubias martas orlado,
Y desabrochado y suelto.
Dejando ver un justillo
De raso jalde, cubierto
Con primorosos bordados
Y costosos sobrepuestos,
Y la excelsa y noble insignia
Del Toisón de oro, pendiendo
De una preciosa cadena
En la mitad de su pecho.
Un birrete de velludo
Con un blanco airón, sujeto

Por un joyel de diamantes
Y un antiguo camafeo,
Descubre por ambos lados,
Tanta majestad cubriendo,
Rubio, cual barba y bigote,
Bien atusado el cabello.
Apoyada en la cadera
La potente diestra ha puesto,
Que aprieta dos guantes de ámbar
Y un primoroso mosquero.
Y con la siniestra halaga
De un mastín muy corpulento,
Blanco y las orejas rubias,
El ancho y carnoso cuello.
Con el Condestable insigne,
Apaciguador del reino,
De los pasados disturbios
Acaso está discurriendo;
O del trato que dispone
Con el Rey de Francia preso,
O de asuntos de Alemania
Agitada por Lutero;
Cuando un tropel de caballos
Oye venir a lo lejos
Y ante el alcázar pararse,
Quedando todo en silencio.
En la antecámara suena
Rumor impensado luego,
Ábrese al fin la mampara
Y entra el de Borbón soberbio,
Con el semblante de azufre
Y con los ojos de fuego,
Bramando de ira y de rabia
Que enfrena mal el respeto;
Y con balbuciente lengua,
Y con mal borrado ceño,
Acusa al de Benavente,
Un desagravio pidiendo.
Del español Condestable
Latió con orgullo el pecho,
Ufano de la entereza
De su esclarecido deudo.

Y aunque advertido procura
Disimular cual discreto,
A su noble rostro asoman
La aprobación y el contento.
El Emperador un punto
Quedó indeciso y suspenso,
Sin saber qué responderle
Al francés, de enojo ciego.
Y aunque en su interior se goza
Con el proceder violento
Del conde de Benavente,
De altas esperanzas lleno
Por tener tales vasallos,
De noble lealtad modelos,
Y con los que el ancho mundo
Será a sus glorias estrecho.
Mucho al de Borbón le debe
Y es fuerza satisfacerlo:
Le ofrece para calmarlo
Un desagravio completo.
Y, llamando a un gentilhombre,
Con el semblante severo
Manda que el de Benavente
Venga a su presencia presto.

ROMANCE TERCERO

Sostenido por sus pajes
Desciende de su litera
El conde de Benavente
Del alcázar a la puerta.
Era un viejo respetable,
Cuerpo enjuto, cara seca,
Con dos ojos como chispas,
Cargados de largas cejas,
Mas de gravedad tan seria
Y con semblante muy noble,
Que veneración de lejos
Y miedo causa de cerca.
Era su traje unas calzas
De púrpura de Valencia,
Y de recamado ante
Un coleto a la leonesa:

De fino lienzo gallego
Los puños y la gorguera,
Unos y otra guarnecidos
Con randas barcelonesas;
Un birretón de velludo
Con un cintillo de perlas,
Y el gabán de paño verde
Con alamares de seda.
Tan sólo de Calatrava
La insignia española lleva;
Que el Toisón ha despreciado
Por ser orden extranjera.
Con paso tardo, aunque firme,
Sube por las escaleras,
Y al verle, las alabardas
Un golpe dan en la tierra
Golpe de honor, y de aviso
De que en el alcázar entra
Un Grande, a quien se le debe
Todo honor y reverencia.
Al llegar a la antesala,
Los pajes que están en ella
Con respeto le saludan
Abriendo las anchas puertas.
Con grave paso entra el conde
Sin que otro aviso preceda,
Salones atravesando
Hasta la cámara regia.
Pensativo está el Monarca,
Discurriendo cómo pueda
Componer aquel disturbio
Sin hacer a nadie ofensa.
Mucho al de Borbón le debe
Aun mucho más de él espera.
Y al de Benavente mucho
Considerar le interesa.
Dilación no admite el caso,
No hay quien dar consejo pueda
Y Villalar y Pavía
A un tiempo se le recuerdan.
En el sillón asentado
Y el codo sobre la mesa,

Al personaje recibe,
Que comedido se acerca.
  Grave el conde le saluda
Con una rodilla en tierra,
Mas como Grande del reino
Sin descubrir la cabeza.
  El Emperador benigno
Que alce del suelo le ordena,
Y la plática difícil
Con sagacidad empieza.
  Y entre severo y afable
Al cabo le manifiesta
Que es el que a Borbón aloje
Voluntad suya resuelta.
  Con respeto muy profundo,
Pero con la voz entera,
Respóndele Benavente,
Destocando la cabeza:
  «Soy, señor, vuestro vasallo,
  Vos sois mi rey en la tierra,
A vos ordenar os cumple
De mi vida y de mi hacienda.
  »Vuestro soy, vuestra mi casa,
De mí disponed y de ella,
Pero no toquéis mi honra
Y respetad mi conciencia.
  »Mi casa Borbón ocupe
Puesto que es voluntad vuestra,
Contamine sus paredes,
Sus blasones envilezca;
  »Que a mí me sobra en Toledo
Donde vivir, sin que tenga
Que rozarme con traidores,
Cuyo solo aliento infesta.
  »Y en cuanto él deje mi casa,
Antes de tornar yo a ella.
Purificaré con fuego
Sus paredes y sus puertas.»
  Dijo el conde, la real mano
Besó, cubrió su cabeza,
Y retiróse bajando

A do estaba su litera.
  Y a casa de un su pariente
Mandó que lo condujeran,
Abandonando la suya
Con cuanto dentro se encierra.
  Quedó absorto Carlos Quinto
De ver tan noble firmeza
Estimando la de España
Más que la imperial diadema.

ROMANCE CUARTO

  Muy pocos días el duque
Hizo mansión en Toledo,
Del noble conde ocupando
Los honrados aposentos.
  Y la noche en que el palacio
Dejó vacío, partiendo,
Con su séquito y sus pajes,
Orgulloso y satisfecho,
  Turbó la apacible luna
Un vapor blanco y espeso
Que de las altas techumbres
Se iba elevando y creciendo:
  A poco rato tornóse
En humo confuso y denso
Que en nubarrones oscuros
Ofuscaba el claro cielo;
  Después en ardientes chispas,
Y en un resplandor horrendo
Que iluminaba los valles
Dando en el Tajo reflejos.
  Y al fin su furor mostrando
En embravecido incendio
Que devoraba altas torres
Y derrumbaba altos techos.
  Resonaron las campanas,
Conmovióse todo el pueblo;
De Benavente el palacio
Presa de las llamas viendo.
  El Emperador confuso
Corre a procurar remedio.

En atajar tanto daño
Mostrando tenaz empeño,
En vano todo: tragóse
Tantas riquezas el fuego,
A la lealtad castellana
Levantando un monumento.
Aun hoy unos viejos muros
Del humo y las llamas negros
Recuerdan acción tan grande
En la famosa Toledo.

José de Espronceda

76. *HIMNO DE LA INMORTALIDAD*

¡Salve, llama creadora del mundo,
Lengua ardiente de eterno saber,
Puro germen, principio fecundo
Que encadenas la muerte a tus pies!
Tú la inerte materia espoleas
Tú la ordenas juntarse y vivir,
Tú su lodo modelas, y creas
Miles seres de formas sin fin.
Desbarata tus obras en vano
Vencedora la muerte tal vez;
De sus restos levanta tu mano
Nuevas obras triunfante otra vez.
Tú la hoguera del sol alimentas,
Tú revistes los cielos de azul,
Tú la luna en las sombras argentas,
Tú coronas la aurora de luz.
Gratos ecos al bosque sombrío,
Verde pompa a los árboles das,
Melancólica música al río,
Ronco grito a los olas del mar
Tú el aroma en las flores exhalas,
En los valles suspiras de amor,
Tú murmuras del aura en las alas,
En el Bóreas retumba tu voz.

Tú derramas el oro en la tierra
En arroyos de hirviente metal;
Tú abrillantas la perla que encierra
En su abismo profundo la mar.
Tú las cárdenas nubes extiendes,
Negro manto que agita Aquilón;
Con tu aliento los aires enciendes,
Tus rugidos infunden pavor.
Tú eres pura simiente de vida,
Manantial sempiterno del bien;
Luz del mismo Hacedor desprendida,
Juventud y hermosura es tu ser.
Tú eres fuerza secreta que el mundo
En sus ejes impulsa a rodar,
Sentimiento armonioso y profundo
De los orbes que anima tu faz.
De tus obras los siglos que vuelan
Incansables artífices son,
Del espíritu ardiente cincelan
Y embellecen la estrecha prisión.
Tú en violento, veloz torbellino
Los empujas enérgica, y van;
Y adelante en tu raudo camino
A otros siglos ordenas llegar.
Y otros siglos ansiosos se lanzan,
Desparecen y llegan sin fin,
Y en su eterno trabajo se alcanzan,
Y se arrancan sin tregua el buril.
Y afanosos sus fuerzas emplean
En tu inmenso taller sin cesar,
Y en la tosca materia golpean,
Y redobla el trabajo su afán.
De la vida en el hondo Océano
Flota el hombre en perpetuo vaivén
Y derrama abundante tu mano
La creadora semilla en su ser.
Hombre débil, levanta la frente,
Pon tu labio en su eterno raudal;
Tú serás como el sol en Oriente,
Tú serás como el mundo, inmortal.

77. *CANCION DEL PIRATA*

Con diez cañones por banda,
Viento en popa, a toda vela,
No corta el mar, sino vuela
Un velero bergantín:
Bajel pirata, el Temido,
En todo mar conocido
Del uno al otro confín.
La luna en el mar rïela,
En la lona gime el viento,
Y alza en blando movimiento
Olas de plata y azul;
Y ve el capitán pirata,
Cantando alegre en la popa,
Asia a un lado, al otro Europa,
Y allá a su frente Estambul.
«Navega, velero mío,
Sin temor;
Que ni enemigo navío,
Ni tormenta, ni bonanza
Tu rumbo a torcer alcanza,
Ni a sujetar tu valor.
»Veinte presas
Hemos hecho
A despecho
Del inglés,
Y han rendido
Sus pendones
Cien naciones
A mis pies.»
Que es mi barco mi tesoro,
Que es mi Dios la libertad,
Mi ley la fuerza del viento,
Mi única patria, la mar.
«Allá muevan feroz guerra
Ciegos reyes
Por un palmo más de tierra:
Que yo tengo aquí por mío
Cuanto abarca el mar bravío,
A quien nadie impuso leyes.
»Y no hay playa,
Sea cualquiera,

Ni bandera
De esplendor,
Que no sienta
Mi derecho,
Y dé pecho
A mi valor.»
Que es mi barco mi tesoro...

«A la voz de "¡barco viene!"
Es de ver
Cómo vira y se previene
A todo trapo escapar
Que yo soy el rey del mar,
Y mi furia es de temer.
»En las presas
Yo divido
Lo cogido
Por igual.
Sólo quiero
Por riqueza
La belleza
Sin rival.»
Que es mi barco mi tesoro...

«¡Sentenciado estoy a muerte!
Yo me río:
No me abandone la suerte
Y al mismo que me condena,
Colgaré de alguna antena,
Quizá en su propio navío.
»Y si caigo,
¿Qué es la vida?
Por perdida
Ya la di,
Cuando el yugo
Del esclavo,
Como un bravo,
Sacudí.»
Que es mi barco mi tesoro...
«Son mi música mejor
Aquilones:
El estrépito y temblor

De los cables sacudidos,
Del negro mar los bramidos
Y el rugir de mis cañones
»Y del trueno
Al son violento
Y del viento
Al rebramar,
Yo me duermo
Sosegado,
Arrullado
Por el mar.»
Que es mi barco mi tesoro,
Que es mi Dios la libertad,
Mi ley la fuerza del viento,
Mi única patria, la mar.

78. *CANTO A TERESA*

Descanza en paz

¡Bueno es el mundo, bueno, bueno, bueno!
Como de Dios al fin obra maestra,
Por todas partes de delicias lleno,
De que Dios ama al hombre hermosa muestra.
Salga la voz alegre de mi seno
A celebrar esta vivienda nuestra;
¡Paz a los hombres! ¡Gloria en las alturas!
¡Cantad en vuestra jaula, criaturas!

¿Por qué volvéis a la memoria mía,
Tristes recuerdos del placer perdido,
A aumentar la ansiedad y la agonía
De este desierto corazón herido?
¡Ay!, que de aquellas horas de alegría
Le quedó al corazón sólo un gemido,
Y el llanto que al dolor los ojos niegan
Lágrimas son de hiel que el alma anegan.

¿Dónde volaron, ¡ay!, aquellas horas
De juventud, de amor y de ventura,
Regaladas de músicas sonoras,

Adornadas de luz y de hermosura?
Imágenes de oro bullidoras.
Sus alas de carmín y nieve pura,
Al sol de mi esperanza desplegando,
Pasaban, ¡ay!, a mi alrededor cantando.

Gorjeaban los dulces ruiseñores,
El sol iluminaba mi alegría,
El aura susurraba entre las flores,
El bosque mansamente respondía,
Las fuentes murmuraban sus amores...
¡Ilusiones que llora el alma mía!
¡Oh!, ¡cuán süave resonó en mi oído
El bullicio del mundo y su ruido!

Mi vida entonces, cual guerrera nave
Que el puerto deja por la vez primera,
Y al soplo de los céfiros süave
Orgullosa despliega su bandera,
Y al mar dejando que a sus pies alabe
Su triunfo en roncos cantos, va velera,
Una ola tras otra bramadora
Hollando y dividiendo vencedora.

¡Ay!, en el mar del mundo, en ansia ardiente
De amor volaba; el sol de la mañana
Llevaba yo sobre mi tersa frente,
Y el alma pura de su dicha ufana:
Dentro de ella el amor, cual rica fuente
Que entre frescuras y arboledas mana,
Brotaba entonces abundante río
De ilusiones y dulce desvarío.

Yo amaba todo: un noble sentimiento
Exaltaba mi ánimo, y sentía
En mi pecho un secreto movimiento,
De grandes hechos generoso guía:
La libertad con su inmortal aliento,
Santa diosa, mi espíritu encendía,
Contino imaginando en mi fe pura
Sueños de gloria al mundo y de ventura.

El puñal de Catón, la adusta frente
Del noble Bruto, la constancia fiera
Y el arrojo de Scévola valiente
La doctrina de Sócrates severa,
La voz atronadora y elocuente
Del orador de Atenas, la bandera
Contra el tirano Macedonio alzando,
Y al espantado pueblo arrebatando:

El valor y la fe del caballero,
Del trovador el arpa y los cantares,
Del gótico castillo el altanero
Antiguo torreón, do sus pesares
Cantó tal vez con eco lastimero,
¡Ay!, arrancada de sus patrios lares,
Joven cautiva, al rayo de la luna,
Lamentando su ausencia y su fortuna:
El dulce anhelo del amor que aguarda,
Tal vez inquieto y con mortal recelo;
La forma bella que cruzó gallarda,
Allá en la noche, entre medroso velo;
La ansiada cita que en llegar se tarda
Al impaciente y amoroso anhelo,
La mujer y la voz de su dulzura,
Que inspira al alma celestial ternura:

A un tiempo mismo en rápida tormenta
Mi alma alborotada de contino,
Cual las olas que azota con violenta
Cólera impetüoso torbellino:
Soñaba al héroe ya, la plebe atenta
En mi voz escuchaba su destino;
Ya al caballero, al trovador soñaba,
Y de gloria y de amores suspiraba.

Hay una voz secreta, un dulce canto,
Que el alma sólo recogida entiende,
Un sentimiento misterioso y santo,
Que del barro al espíritu desprende;
Agreste, vago y solitario encanto
Que en inefable amor el alma enciende,

Volando tras la imagen peregrina
El corazón de su ilusión divina.

Yo, desterrado en extranjera playa,
Con los ojos extático seguía
La nave audaz que en argentada raya
Volaba al puerto de la patria mía:
Yo, cuando en Occidente el sol desmaya,
Solo y perdido en la arboleda umbría,
Oír pensaba al armonioso acento
De una mujer, al suspirar del viento.
¡Una mujer! En el templado rayo
De la mágica luna se colora,
Del sol poniente al lánguido desmayo
Lejos entre las nubes se evapora;
Sobre las cumbres que florece mayo
Brilla fugaz al despuntar la aurora,
Cruza tal vez por entre el bosque umbrío,
Juega en las aguas del sereno río.

¡Una mujer! Deslízase en el cielo
Allá en la noche desprendida estrella.
Si aroma el aire recogió en el suelo,
Es el aroma que le presta ella.
Blanca es la nube que en callado vuelo
Cruza la esfera, y que su planta huella.
Y en la tarde la mar olas le ofrece
De plata y de zafir, donde se mece.

Mujer que amor en su ilusión figura,
Mujer que nada dice a los sentidos,
Ensueño de suavísima ternura,
Eco que regaló nuestros oídos;
De amor la llama generosa y pura,
Los goces dulces del amor cumplidos,
Que engalana la rica fantasía,
Goces que avaro el corazón ansía.

¡Ay!, aquella mujer, tan sólo aquella,
Tanto delirio a realizar alcanza,
Y esa mujer tan cándida y tan bella

Es mentida ilusión de la esperanza:
Es el alma que vívida destella
Su luz al mundo cuando en él se lanza,
Y el mundo con su magia y galanura
Es espejo no más de su hermosura:

Es el amor que al mismo amor adora,
El que creó las Sílfides y Ondinas,
La sacra ninfa que bordando mora
Debajo de las aguas cristalinas:
Es el amor que recordando llora
Las arboledas del Edén divinas:
Amor de allí arrancado, allí nacido,
Que busca en vano aquí su bien perdido.

¡Oh llama santa!, ¡celestial, anhelo!
¡Sentimiento purísimo!, ¡memoria
Acaso triste de un perdido cielo,
Quizá esperanza de futura gloria!
¡Huyes y dejas llanto y desconsuelo!
¡Oh mujer que en imagen ilusoria
Tan pura, tan feliz, tan placentera,
Brindó el amor a mi ilusión primera!...

¡Oh Teresa! ¡Oh dolor! Lágrimas mías,
¡Ah!, ¿dónde estáis que no corréis a mares?
¿Por qué, por qué como en mejores días,
No consoláis vosotras mis pesares?
¡Oh!, los que no sabéis las agonías
De un corazón que penas a millares
¡Ah!, desgarraron y que ya no llora,
¡Piedad tened de mi tormento ahora!

¡Oh dichosos mil veces, sí, dichosos
Los que podéis llorar!, y ¡ay!, sin ventura
De mí, que entre suspiros angustiosos
Ahogar me siento en infernal tortura.
¡Retuércese entre nudos dolorosos
Mi corazón, gimiendo de amargura!
También tu corazón, hecho pavesa,
¡Ay!, llegó a no llorar, ¡pobre Teresa!

¿Quién pensara jamás, Teresa mía,
Que fuera eterno manantial de llanto,
Tanto inocente amor, tanta alegría,
Tantas delicias y delirio tanto?
¿Quién pensara jamás llegase un día
En que perdido el celestial encanto
Y caída la venda de los ojos,
Cuanto diera placer causara enojos?

Aun parece, Teresa, que te veo
Aérea como dorada mariposa,
Ensueño delicioso del deseo,
Sobre tallo gentil temprana rosa
Del amor venturoso devaneo,
Angélica, purísima y dichosa,
Y oigo tu voz dulcísima, y respiro
Tu aliento perfumado en tu suspiro.

Y aún miro aquellos ojos que robaron
A los cielos su azul, y las rosadas
Tintas sobre la nieve, que envidiaron
Las de mayo serenas alboradas:
Y aquellas horas dulces que pasaron
Tan breves, ¡ay!, como después lloradas,
Horas de confianza y de delicias,
De abandono y de amor y de caricias.

Que así las horas rápidas pasaban,
Y pasaba a la par nuestra ventura;
Y nunca nuestras ansias las contaban,
Tú embriagada en mi amor, yo en tu hermosura.
Las horas, ¡ay!, huyendo nos miraban,
Llanto tal vez vertiendo de ternura;
Que nuestro amor y juventud veían,
Y temblaban las horas que vendrían.

Y llegaron en fin... ¡Oh!, ¿quién impío
¡Ay!, agostó la flor de tu pureza?
Tú fuiste un tiempo cristalino río,
Manantial de purísima limpieza;
Después torrente de color sombrío,

Rompiendo entre peñascos y maleza,
Y estanque, en fin, de aguas corrompidas,
Entre fétido fango detenidas.

¿Cómo caíste despeñado al suelo,
Astro de la mañana luminoso?
Angel de luz, ¿quién te arrojó del cielo
A este valle de lágrimas odioso?
Aun cercaba tu frente el blanco velo
Del serafín, y en ondas fulguroso
Rayos al mundo tu esplendor vertía,
Y otro cielo el amor te prometía.

Mas, ¡ay!, que es la mujer ángel caído,
O mujer nada más y lodo inmundo,
Hermoso ser para llorar nacido,
O vivir como autómata en el mundo
Sí, que el demonio en el Edén perdido,
Abrasara con fuego del profundo
La primera mujer, y, ¡ay!, aquel fuego
La herencia ha sido de sus hijos luego.

Brota en el cielo del amor la fuente,
Que a fecundar el universo mana,
Y en la tierra su límpida corriente
Sus márgenes con flores engalana;
Mas, ¡ay!, huid: el corazón ardiente
Que el agua clara por beber se afana,
Lágrimas verterá de duelo eterno,
Que su raudal lo envenenó el infierno.

Huid, si no queréis que llegue un día
En que enredado en retorcidos lazos
El corazón, con bárbara porfía
Luchéis por arrancároslo a pedazos:
En que al cielo en histérica agonía
Frenéticos alcéis entrambos brazos,
Para en vuestra impotencia maldecirle,
Y escupiros, tal vez, al escupirle.

Los años, ¡ay!, de la ilusión pasaron,
Las dulces esperanzas que trajeron

Con sus blancos ensueños se llevaron,
Y el porvenir de oscuridad vistieron:
Las rosas del amor se marchitaron,
Las flores en abrojos convirtieron,
Y de afán tanto y tan soñada gloria
Sólo quedó una tumba, una memoria.

¡Pobre Teresa! ¡Al recordarte siento
Un pesar tan intenso!... Embarga impío
Mi quebrantada voz mi sentimiento,
Y suspira tu nombre el labio mío:
Para allí su carrera el pensamiento,
Hiela mi corazón punzante frío,
Ante mis ojos la funesta losa,
Donde vil polvo tu beldad reposa.

Y tú feliz, que hallastes en la muerte
Sombra a que descansar en tu camino,
Cuando llegabas, mísera, a perderte
Y era llorar tu único destino:
Cuando en tu frente la implacable suerte
Grabada de los réprobos el sino;
Feliz, la muerte te arrancó del suelo,
Y otra vez ángel, te volviste al cielo.

Roída de recuerdos de amargura,
Arido el corazón, sin ilusiones,
La delicada flor de tu hermosura
Ajaron del dolor los aquilones:
Sola, y envilecida, y sin ventura,
Tu corazón secaron las pasiones:
Tus hijos, ¡ay!, de ti se avergonzaran,
Y hasta el nombre de madre te negaran.

Los ojos escaldados de tu llanto,
Tu rostro cadavérico y hundido;
Unico desahogo en tu quebranto,
El histérico, ¡ay!, de tu gemido:
¿Quién pudiera en infortunio tanto
Envolver tu desdicha en el olvido,
Disipar tu dolor y recogerte
En su seno de paz? ¡Sólo la muerte!

¡Y tan joven, y ya tan desgraciada!
Espíritu indomable, alma violenta,
En ti, mezquina sociedad, lanzada
A romper tus barreras turbulenta.
Nave contra las rocas quebrantada,
Allá vaga, a merced de la tormenta,
En las olas tal vez náufraga tabla,
Que sólo ya de sus grandezas habla.

Un recuerdo de amor que nunca muere
Y está en mi corazón; un lastimero
Tierno quejido que en el alma hiere,
Eco süave de su amor primero:
¡Ay! de tu luz, en tanto yo viviere,
Quedará un rayo en mí, blanco lucero,
Que iluminaste con tu luz querida
La dorada mañana de mi vida.

Que yo, como una flor que en la mañana
Abre su cáliz al naciente día,
¡Ay!, al amor abrí tu alma temprana,
Y exalté tu inocente fantasía,
Yo inocente también ¡oh! cuán ufana
Al porvenir mi mente sonreía,
Y en alas de mi amor, ¡con cuánto anhelo
Pensé contigo remontarme al cielo!

Y alegre, audaz, ansioso, enamorado,
En tus brazos en lánguido abandono,
De glorias y deleites rodeado,
Levantar para ti soñé yo un trono:
Y allí, tú venturosa y yo a tu lado,
Vencer del mundo el implacable encono,
Y en un tiempo, sin horas ni medida,
Ver como un sueño resbalar la vida.

¡Pobre Teresa! Cuando ya tus ojos
Aridos ni una lágrima brotaban;
Cuando ya su color tus labios rojos
En cárdenos matices se cambiaban;
Cuando de tu dolor tristes despojos
La vida y su ilusión te abandonaban,

Y consumía lenta calentura
Tu corazón al par de tu amargura;

Si en tu penosa y última agonía
Volviste a lo pasado el pensamiento;
Si comparaste a tu existencia un día
Tu triste soledad y tu aislamiento;
Si arrojó a tu dolor tu fantasía
Tus hijos, ¡ay!, en tu postrer momento
A otra mujer tal vez acariciando,
«Madre» tal vez a otra mujer llamando;

Si el cuadro de tus breves glorias viste
Pasar como fantástica quimera,
Y si la voz de tu conciencia oíste
Dentro de ti gritándote severa;
Si, en fin, entonces tú llorar quisiste
Y no brotó una lágrima siquiera
Tu seco corazón, y a Dios llamaste,
Y no te escuchó Dios, y blasfemaste,

¡Oh!, ¡crüel¡, ¡muy crüel!, ¡martirio horrendo!
¡Espantosa expiación de tu pecado!
¡Sobre un lecho de espinas, maldiciendo,
Morir, el corazón desesperado!
Tus mismas manos de dolor mordiendo,
Presente a tu conciencia tu pasado,
Buscando en vano, con los ojos fijos,
Y extendiendo tus brazos a tus hijos.

¡Oh!, ¡crüel!, ¡muy crüel!... ¡Ay!, yo entretanto
Dentro del pecho mi dolor oculto,
Enjugo de mis párpados el llanto
Y doy al mundo el exigido culto:
Yo escondo con vergüenza mi quebranto,
Mi propia pena con mi risa insulto,
Y me divierto en arrancar del pecho
Mi mismo corazón pedazos hecho.

Gocemos, sí; la cristalina esfera
Gira bañada en luz: ¡bella es la vida!
¿Quién a parar alcanza la carrera
Del mundo hermoso que al placer convida?

Brilla radiante el sol, la primavera
Los campos pinta en la estación florida:
Truéquese en risa mi dolor profundo...
Que haya un cadáver más ¿qué importa al mundo?

José Zorrilla

79. *INTRODUCCION*

¿Qué se hicieron las auras deliciosas
Que henchidas de perfume se perdían
Entre los lirios y las frescas rosas
Que el huerto ameno en derredor ceñían?
Las brisas del otoño revoltosas
En rápido tropel las impelían,
Y ahogaron la estación de los amores
Entre las hojas de sus yertas flores.

Hoy al fuego de un tronco nos sentamos
En torno de la antigua chimenea,
Y acaso la ancha sombra recordamos
De aquel tizón que a nuestros pies humea.
Y hora tras hora tristes esperamos
Que pase la estación adusta y fea,
En pereza febril adormecidos
Y en las propias memorias embebidos.

En vano a los placeres avarientos
Nos lanzamos doquier, y orgías sonoras
Estremecen los ricos aposentos
Y fantásticas danzas tentadoras;
Porque antes y después caminan lentos
Los turbios días y las lentas horas,
Sin que alguna ilusión de breve instante
Del alma el sueño fugitiva encante.

Pero yo, que he pasado entre ilusiones,
Sueños de oro y de luz, mi dulce vida,
No os dejaré dormir en los salones
Donde al placer la soledad convida;
Ni esperar, revolviendo los tizones,
Al yerto amigo o a la falaz querida,
Sin que más esperanza os alimente
Que ir contando las horas tristemente.

Los que vivís de alcázares señores,
Venid, yo halagaré vuestra pereza;
Niñas hermosas que morís de amores,
Venid, yo encantaré vuestra belleza;
Viejos que idolatráis vuestros mayores,
Venid, yo os contaré vuestra grandeza;
Venid a oír en dulces armonías
Las sabrosas historias de otros días.
Yo soy el Trovador que vaga errante:
Si son de vuestro parque estos linderos,
No me dejéis pasar, mandad que cante;
Que yo sé de los bravos caballeros
La dama ingrata y la cautiva amante
La cita oculta y los combates fieros
Con que a cabo llevaron sus empresas
Por hermosas esclavas y princesas.
Venid a mí, yo canto los amores
Yo soy el trovador de los festines;
Yo ciño el arpa con vistosas flores,
Guirnalda que recojo en mil jardines;
Yo tengo el tulipán de cien colores
Que adoran de Estambul en los confines
Y el lirio incógnito y campestre
Que nace y muere en el peñón silvestre.
¡Ven a mis manos, ven, arpa sonora!
¡Baja a mi mente, inspiración cristiana,
Y enciende en mí la llama creadora
Que del aliento del Querub emana!
¡Lejos de mí la historia tentadora
De ajena tierra y religión profana!
Mi voz, mi corazón, mi fantasía
La gloria cantan de la patria mía.
Venid, yo no hollaré con mis cantares
Del pueblo en que he nacido la creencia,
Respetaré su ley y sus altares;
En su desgracia a par que en su opulencia
Celebraré su fuerza o sus azares,
Y, fiel ministro de la gaya ciencia,
Levantaré mi voz consoladora
Sobre las ruinas en que España llora.
¡Tierra de amor! ¡Tesoro de memorias,
Grande, opulenta y vencedora un día,
Sembrada de recuerdos y de historias,

Y hollada asaz por la fortuna impía!
Yo cantaré tus olvidadas glorias;
Que en alas de la ardiente poesía
No aspiro a más laurel ni a más hazaña
Que a una sonrisa de mi dulce España.

80. *A BUEN JUEZ MEJOR TESTIGO*

Tradición de Toledo

I

Entre pardos nubarrones
Pasando la blanca luna,
Con resplandor fugitivo,
La baja tierra no alumbra.
La brisa con frescas alas
Juguetona no murmura,
Y las veletas no giran
Entre la cruz y la cúpula.
Tal vez un pálido rayo
La opaca atmósfera cruza,
Y unas en otras las sombras
Confundidas se dibujan.
Las almenas de las torres
Un momento se columbran,
Como lanzas de soldados
Apostados en la altura.
Reverberan los cristales
La trémula llama turbia,
Y un instante entre las rocas
Riela la fuente oculta.
Los álamos de la vega
Parecen en la espesura
De fantasmas apiñados
Medrosa y gigante turba;
Y alguna vez desprendida
Gotea pesada lluvia,
Que no despierta a quien duerme,
Ni a quien medita importuna.
Yace Toledo en el sueño
Entre las sombras confusas

Y el Tajo a sus pies pasando
Con pardas ondas lo arrulla.
El monótono murmullo
Sonar perdido se escucha,
Cual si por las hondas calles
Hirviera del mar la espuma.
¡Qué dulce es dormir en calma
Cuando a lo lejos susurran
Los álamos que se mecen,
Las aguas que se derrumban!
Se sueñan bellos fantasmas
Que el sueño del triste endulzan,
Y en tanto que sueña el triste,
No le aqueja su amargura.

Tan en calma y tan sombría
Como la noche que enluta
La esquina en que desemboca
Una callejuela oculta,
Se ve de un hombre que aguarda
La vigilante figura,
Y tan a la sombra vela
Que entre las sombras se ofusca.
Frente por frente a sus ojos
Un balcón a poca altura
Deja escapar por los vidrios
La luz que dentro le alumbra;
Mas ni en el claro aposento,
Ni en la callejuela oscura
El silencio de la noche
Rumor sospechoso turba.
Pasó así tan largo tiempo,
Que pudiera haberse duda
De si es hombre, o solamente
Mentida ilusión nocturna;
Pero es hombre, y bien se ve,
Porque con planta segura
Ganando el centro a la calle
Resuelto y audaz pregunta:
—¿Quién va? —y a corta distancia
El igual compás se escucha
De un caballo que sacude

Las sonoras herraduras.
—¿Quién va? —repite y cercana
Otra voz menos robusta
Responde: —Un hidalgo ¡calle!—
Y el paso el bulto apresura.
—Téngase el hidalgo —el hombre
Replica y la espada empuña.
—Ved más bien si me haréis calle—
Repitieron con mesura
—Que hasta hoy nadie se tuvo
Iván de Vargas y Acuña.
—Pase el Acuña y perdone—
Dijo el mozo en faz de fuga,
Pues teniéndose el embozo
Sopla un silbato, y se oculta.
Paró el jinete a una puerta,
Y con precaución difusa
Salió una niña al balcón
Que llama interior alumbra.
—¡Mi padre! —clamó en voz baja
Y el viejo en la cerradura
Metió la llave pidiendo
A sus gentes que le acudan.
Un negro por ambas bridas
Tomó la cabalgadura,
Cerróse detrás la puerta
Y quedó la calle muda.
En esto desde el balcón,
Como quien tal acostumbra,
Un mancebo por las rejas
De la calle se asegura.
Asió el brazo al que apostado
Hizo cara a Iván de Acuña,
Y huyeron, en el embozo
Velando la catadura.

II

Clara, apacible y serena
Pasa la siguiente tarde,
Y el sol tocando su ocaso
Apaga su luz gigante:

Se ve la imperial Toledo
Dorada por los remates,
Como una ciudad de grana
Coronada de cristales.
El Tajo por entre rocas
Sus anchos cimientos lame,
Dibujando en las arenas
Las ondas con que las bate.
Y la ciudad se retrata
En las ondas desiguales,
Como en prendas de que el río
Tan afanoso la bañe.
A lo lejos en la vega
Tiende galan por sus márgenes,
De sus álamos y huertos
El pintoresco ropaje,
Y porque su altiva gala
Mas a los ojos halague,
La salpica con escombros
De castillos y de alcázares.
Un recuerdo es cada piedra
Que toda una historia vale,
Cada colina un secreto
De príncipes o galanes.
Aquí se bañó la hermosa
Por quien dejó un rey culpable
Amor, fama, reino y vida
En manos de musulmanes.
Allí recibió Galiana
A su receloso amante
En esa cuesta que entonces
Era un plantel de azahares.
Allá por aquella torre,
Que hicieron puerta los árabes,
Subió el Cid sobre Babieca
Con su gente y su estandarte.
Más lejos se ve el castillo
De San Servando, o Cervantes,
Donde nada se hizo nunca
Y nada al presente se hace.
A este lado está la almena
Por do sacó vigilante

El conde Don Peranzules
Al rey que supo una tarde
Fingir tan tenaz modorra,
Que, político y constante,
Tuvo siempre el brazo quedo
Las palmas al horadarle.
Allí está el circo romano,
Gran cifra de un pueblo grande,
Y aquí la antigua Basílica
De bizantinos pilares,
Que oyó en el primer concilio
Las palabras de los Padres
Que velaron por la Iglesia
Perseguida o vacilante.
La sombra en este momento
Tiende sus turbios cendales
Por todas esas memorias
De las pasadas edades,
Y del Cambrón y Visagra
Los caminos desiguales,
Camino a los toledanos
Hacia las murallas abren.
Los labradores se acercan
Al fuego de sus hogares,
Cargados con sus aperos,
Cansados de sus afanes.
Los ricos y sedentarios
Se tornan con paso grave,
Calado el ancho sombrero,
Abrochados los gabanes:
Y los clérigos y monjes
Y los prelados y abades
Sacudiendo el leve polvo
De capelos y sayales.

Quédase sólo un mancebo
De impetuosos ademanes,
Que se pasea ocultando
Entre la capa el semblante.
Los que pasan le contemplan
Con decisión de evitarle,
Y él contempla a los que pasan
Como si a alguien aguardase.

Los tímidos aceleran
Los pasos al divisarle,
Cual temiendo de seguro
Que les proponga un combate;
Y los valientes lo miran
Cual si sintieran dejarle
Sin que libres sus estoques
En riña sonora dancen.
Una mujer también sola
Se viene el llano adelante,
La luz del rostro escondida
En tocas y tafetanes.
Mas en lo leve del paso,
Y en lo flexible del talle,
Puede a través de los velos
Una hermosa adivinarse.
Vase derecha al que aguarda,
Y él al encuentro le sale
Diciendo... cuanto se dicen
En las citas los amantes.
Mas ella, galanterías
Dejando severa aparte,
Así al mancebo interrumpe
En voz decisiva y grave:

—Abreviemos de razones,
Diego Martínez, mi padre,
Que un hombre ha entrado en su ausencia
Dentro mi aposento sabe:
Y aquí quien mancha mi honra
Con la suya me la lave;
O dadme mano de esposo,
O libre de vos dejadme.—
Miróla Diego Martínez
Atentamente un instante,
Y echando a un lado el embozo,
Repuso palabras tales:
—Dentro de un mes, Inés mía,
Parto a la guerra de Flandes;
Al año estaré de vuelta
Y contigo en los altares.
Honra que yo te desluzca,
Con honra mía se lave;

Que por honra vuelven honra
Hidalgos que en honra nacen.
—Júralo —exclamó la niña.
—Más que mi palabra vale
No te valdrá un juramento.
—Diego, la palabra es aire.
—¡Vive Dios que estás tenaz!
Dalo por jurado y baste.
—No me basta; que olvidar
Puedes la palabra en Flandes.
—¡Voto a Dios!, ¿qué más pretendes?
—Que a los pies de aquella imagen
Lo jures como cristiano.
Del santo Cristo delante.—
Vaciló un punto Martínez,
Mas porfiando que jurase,
Llevóle Inés hacia el templo
Que en medio la vega yace.
Enclavado en un madero,
En duro y postrero trance,
Ceñida la sien de espinas,
Descolorido el semblante,
Veíase allí un crucifijo
Teñido de negra sangre,
A quien Toledo devota
Acude hoy en sus azares.
Ante sus plantas divinas
Llegaron ambos amantes,
Y haciendo Inés que Martínez
Los sagrados pies tocase,
Preguntóle:
—Diego, ¿juras
A tu vuelta desposarme?—
Contestó el mozo:
—¡Sí, juro!—
Y ambos del templo se salen.

III

Pasó un día y otro día,
Un mes y otro mes pasó,
Y un año pasado había,

Mas de Flandes no volvía
Diego, que a Flandes partió.
  Lloraba la bella Inés
Su vuelta aguardando en vano,
Oraba un mes y otro mes
Del crucifijo a los pies
Do puso el galán su mano.
  Todas las tardes venía
Después de traspuesto el sol,
Y a Dios llorando pedía
La vuelta del español,
Y el español no volvía.
  Y siempre al anochecer.
Sin dueña y sin escudero,
En un manto una mujer
El campo salía a ver
Al alto del Miradero.
  ¡Ay del triste que consume
Su existencia en esperar!
¡Ay del triste que presume
Que el duelo con que él se abrume
Al ausente ha de pesar!
  La esperanza es de los cielos
Precioso y funesto don,
Pues los amantes desvelos
Cambian la esperanza en celos.
Que abrasan el corazón.
  Si es cierto lo que se espera,
Es un consuelo en verdad;
Pero siendo una quimera,
Es tan frágil realidad
Quien espera desespera.
  Así Ines desesperaba
Sin acabar de esperar,
Y su tez se marchitaba,
Y su llanto se secaba
Para volver a brotar,
  En vano a su confesor
Pidió remedio o consejo
Para aliviar su dolor;
Que mal se cura el amor
Con las palabras de un viejo.

En vano a Iván acudía,
Llorosa y desconsolada;
El padre no respondía;
Que la lengua le tenía
Su propia deshonra atada.
Y ambos maldicen su estrella
Callando el padre severo
Y suspirando la bella,
Porque nació mujer ella,
Y el viejo nació altanero.
Dos años al fin pasaron
En esperar y gemir,
Y las guerras acabaron,
Y los de Flandes tornaron
A sus tierras a vivir.
Pasó un día y otro día,
Un mes y otro mes pasó,
Y el tercer año corría;
Diego a Flandes se partió
Mas de Flandes no volvía.
Era una tarde serena,
Dorada el sol de occidente
Del Tajo la vega amena,
Y apoyada en una almena
Miraba Inés la corriente.
Iban las tranquilas olas
Las riberas azotando
Bajo las murallas solas,
Musgo, espigas y amapolas
Ligeramente doblando.
Algún olmo que escondido
Creció entre la yerba blanda,
Sobre las aguas tendido
Se reflejaba perdido
En su cristalina banda.
Y algún ruiseñor colgado
Entre su fresca espesura
Daba al aire embalsamado
Su cántico regalado
Desde la enramada oscura.
Y algún pez con cien colores,
Tornasolada la escama,

Saltaba a besar las flores,
Que exhalan gratos olores
A las puntas de una rama.
  Y allá en el trémulo fondo
El torreón se dibuja
Como el contorno redondo
Del hueco sombrío y hondo
Que habita nocturna bruja.
  Así la niña lloraba
El rigor de su fortuna,
Y así la tarde pasaba
Y al horizonte trepaba
La consoladora luna.
  A lo lejos por el llano
En confuso remolino
Vio de hombres tropel lejano
Que en pardo polvo liviano
Dejan envuelto el camino.
  Bajó Inés del torreón,
Y llegando recelosa
A las puertas del Cambrón,
Sintió latir zozobrosa
Más inquieto el corazón.
  Tan galán como altanero
Dejó ver la escasa luz
Por bajo el arco primero
Un hidalgo caballero
En un caballo andaluz.
  Jubón negro acuchillado,
Banda azul, lazo en la hombrera,
Y sin pluma al diestro lado
El sombrero derribado
Tocando con la gorguera.
  Bombacho gris guarnecido,
Bota de ante, espuela de oro,
Hierro al cinto suspendido,
Y a una cadena prendido
Agudo cuchillo moro.
  Vienen tras este jinete
Sobre potros jerezanos
De lanceros hasta siete,
Y en adarga y coselete

Diez peones castellanos.
Asióse a su estribo Inés
Gritando: —¡Diego, eres tú!—
Y él viéndola de través
Dijo: —¡Voto a Belcebú,
Que no me acuerdo quién es!—
Dio la triste un alarido
Tal respuesta al escuchar,
Y a poco perdió el sentido,
Sin que más voz ni gemido
Volviera en tierra a exhalar.
Frunciendo ambas a dos cejas
Encomendóla a su gente,
Diciendo: —¡Malditas viejas
Que a las mozas malamente
Enloquecen con consejas!—
Y aplicando el capitán
A su potro las espuelas
El rostro a Toledo dan,
Y a trote cruzando van
Las oscuras callejuelas.

IV

Así por sus altos fines
Dispone y permite el cielo
Que puedan mudar al hombre
Fortuna, poder y tiempo.
A Flandes partió Martínez
De soldado aventurero,
Y por su suerte y hazañas
Allí capitán le hicieron.
Según alzaba en honores
Alzábase en pensamientos,
Y tanto ayudó en la guerra
Con su valor y altos hechos,
Que el mismo rey a su vuelta
Le armó en Madrid caballero,
Tomándole a su servicio
Por capitán de Lanceros.
Y otro no fue que Martínez
Quien ha poco entró en Toledo,

Tan orgulloso y ufano
Cual salió humilde y pequeño.
Ni es otro a quien se dirige,
Cobrado el conocimiento,
La amorosa Inés de Vargas,
Que vive por él muriendo.
Mas él, que olvidando todo
Olvidó su nombre mesmo,
Puesto que Diego Martínez
Es el capitán Don Diego,
Ni se ablanda a sus caricias,
Ni cura de sus lamentos;
Diciendo que son locuras
De gentes de poco seso;
Que ni él prometió casarse
Ni pensó jamás en ello.
¡Tanto mudan a los hombres
Fortuna, poder y tiempo!
En vano porfiaba Inés
Con amenazas y ruegos;
Cuanto más ella importuna
Está Martínez severo.
Abrazada a sus rodillas,
Enmarañado el cabello,
La hermosa niña lloraba
Prosternada por el suelo.
Mas todo empeño es inútil,
Porque el capitán Don Diego
No ha de ser Diego Martínez
Como lo era en otro tiempo.
Y así llamando a su gente,
De amor y piedad ajeno,
Mandóles que a Inés llevaran
De grado o de valimiento.
Mas ella antes que la asieran,
Cesaron un punto en su duelo,
Así habló, el rostro lloroso
Hacia Martínez volviendo:
—Contigo se fue mi honra,
Conmigo tu juramento;
Pues buenas prendas son ambas,
En buen fiel las pesaremos.—

Y la faz descolorida
En la mantilla envòlviendo
A pasos desatentados
Salióse del aposento.

V

Era entonces de Toledo
Por el rey gobernador
El justiciero y valiente
Don Pedro Ruiz de Alarcón.
Muchos años por su patria
El buen viejo peleó;
Cercenado tiene un brazo,
Mas entero el corazón.
La mesa tiene delante,
Los jueces en derredor,
Los corchetes a la puerta
Y en la derecha el bastón.
Está, como presidente
Del tribunal superior,
Entre un dosel y una alfombra
Reclinado en un sillón
Escuchando con paciencia
La casi asmática voz
Con que un tétrico escribano
Solfea una apelación.
Los asistentes bostezan
Al murmullo arrullador,
Los jueces medio dormidos
Hacen pliegues al ropón,
Los escribanos repasan
Sus pergaminos al sol,
Los corchetes a una moza
Guiñan en un corredor,
Y abajo en Zocodover
Gritan en discorde son
Los que en el mercado venden
Lo vendido y el valor.

Una mujer en tal punto,
En faz de grande aflicción,

Rojos de llorar los ojos,
Ronca de gemir la voz,
Suelto el cabello y el manto,
Tomó plaza en el salón
Diciendo a gritos: —¡Justicia,
Jueces, justicia, señor!—
Y a los pies se arroja humilde
De don Pedro de Alarcón,
En tanto que los curiosos
Se agitan alrededor.
Alzóla cortés Don Pedro
Calmando la confusión
Y el tumultuoso murmullo
Que esta escena ocasionó,
Diciendo:
—Mujer, ¿qué quieres?
—Quiero justicia, señor.
—¿De qué?
—De una prenda hurtada.
—¿Qué prenda?
—Mi corazón.
—¿Tú le diste?
—Le presté.
—¿Y no te le han vuelto?
—No.
—¿Tienes testigos?
—Ninguno.
—¿Y promesa?
—¡Sí, por Dios!
Que al partirse de Toledo
Un juramento empeñó.
—¿Quién es él?
—Diego Martínez.
—¿Noble?
—Y capitán, señor.
—Presentadme al capitán,
Que cumplirá si juró.—
Quedó en silencio la sala,
Y a poco en el corredor
Se oyó de botas y espuelas
El acompasado son.
Un portero, levantando

El tapiz, en alta voz
Dijo: —El capitán Don Diego.—
Y entró luego en el salón
Diego Martínez, los ojos
Llenos de orgullo y furor.
—¿Sois el capitán Don Diego—
Díjole Don Pedro— vos?—
Contestó altivo y sereno
Diego Martínez:
—Yo soy.
—¿Conocéis a esta muchacha?
—Ha tres años, salvo error.
—¿Hicísteisla juramento
De ser su marido?
—No.
—¿Juráis no haberlo jurado?
—Sí juro.
—Pues id con Dios.
—¡Miente!—clamó Inés llorando
De despecho y de rubor.
—Mujer, ¡piensa lo que dices!..
—Digo que miente, juró.
—¿Tienes testigos?
—Ninguno.
—Capitán, idos con Dios,
Y dispensad que acusado
Dudara de vuestro honor.—

Tornó Martínez la espalda
Con brusca satisfacción,
E Inés, que le vio partirse,
Resuelta y firme gritó:
—Llamadle, tengo un testigo.
Llamadle otra vez, señor.—
Volvió el capitán Don Diego,
Sentóse Ruiz de Alarcón,
La multitud aquietóse
Y la de Vargas siguió:
—Tengo un testigo a quien nunca
Faltó verdad ni razón.
—¿Quién?
—Un hombre que de lejos

Nuestras palabras oyó,
Mirándonos desde arriba.
—¿Estaba en algún balcón?
—No, que estaba en un suplicio
Donde ha tiempo que expiró.
—¿Luego es muerto?
—No, que vive.
—Estáis loca, ¡vive Dios!
¿Quién fué?
—El Cristo de la Vega
A cuya faz perjuró.—

Pusiéronse en pie los jueces
Al nombre del Redentor,
Escuchando con asombro
Tan excelsa apelación.
Reinó un profundo silencio
De sorpresa y de pavor,
Y Diego bajó los ojos
De vergüenza y confusión.
Un instante con los jueces
Don Pedro en secreto habló,
Y levantóse diciendo
Con respetüosa voz:

—La ley es ley para todos,
Tu testigo es el mejor,
Mas para tales testigos
No hay más tribunal que Dios.
Haremos... lo que sepamos;
Escribano, al caer el sol
Al Cristo que está en la Vega
Tomaréis declaración.—

VI

Es una tarde serena,
Cuya luz tornasolada
Del purpurino horizonte
Blandamente se derrama.
Plácido aroma las flores
Sus hojas plegando exhalan,

Y el céfiro entre perfumes
Mece las trémulas alas.
Brillan abajo en el valle
Con suave rumor las aguas,
Y las aves en la orilla
Despidiendo al día cantan.

Allá por el Miradero
Por el Cambrón y Visagra
Confuso tropel de gente
Del Tajo a la Vega baja.
Vienen delante Don Pedro
De Alarcón, Iván de Vargas,
Su hija Inés, los escribanos,
Los corchetes y los guardias;
Y detrás monjes, hidalgos,
Mozas, chicos y canalla.
Otra turba de curiosos
En la Vega les aguarda,
Cada cual comentariando
El caso según le cuadra.
Entre ellos está Martínez
En apostura bizarra,
Calzadas espuelas de oro,
Valona de encaje blanca,
Bigote a la borgoñesa,
Melena desmelenada,
El sombrero guarnecido
Con cuatro lazos de plata,
Un pie delante del otro,
Y el puño en el de la espada.
Los plebeyos de reojo
Le miran de entre las capas,
Los chicos al uniforme
Y las mozas a la cara.
Llegado el gobernador
Y gente que le acompaña,
Entraron todos al claustro
Que iglesia y patio separa.
Encendieron ante el Cristo
Cuatro cirios y una lámpara,
Y de hinojos un momento

Le rezaron en voz baja.
  Está el Cristo de la Vega
La cruz en tierra posada,
Los pies alzados del suelo
Poco menos de una vara;
Hacia la severa imagen
Un notario se adelanta,
De modo que con el rostro
Al pecho santo llegaba.
A un lado tiene a Martínez,
A otro lado a Inés de Vargas,
Detrás al gobernador
Con sus jueces y sus guardias.
Después de leer dos veces
La acusación entablada,
El notario a Jesucristo
Así demandó en voz alta:
—¿Jesús, Hijo de María,
Ante nos esta mañana
Citado como testigo
Por boca de Inés de Vargas,
Juráis ser cierto que un día
A vuestras divinas plantas
Juró a Inés Diego Martínez
Por su mujer desposarla?—

  Asida a un brazo desnudo
Una mano atarazada
Vino a posar en los autos
La seca y hendida palma,
Y allá en los aires «¡Sí, JURO!»
Clamó una voz más que humana.
Alzó la turba medrosa
La vista a la imagen santa...
Los labios tenía abiertos,
Y una mano desclavada.

CONCLUSIÓN

  Las vanidades del mundo

Renunció allí mismo Inés,
Y espantado de sí propio
Diego Martínez también.
Los escribanos temblando
Dieron de esta escena fe,
Firmando como testigos
Cuantos hubieron poder.
Fundóse un aniversario
Y una capilla con él,
Y Don Pedro de Alarcón
El altar ordenó hacer,
Donde hasta el tiempo que corre,
Y en cada año una vez,
Con la mano desclavada
El crucifijo se ve.

Nicomedes Pastor Díaz

81. *A LA LUNA*

Desde el primer latido de mi pecho,
Condenado al amor y a la tristeza,
Ni un eco a mi gemir, ni a la belleza
Un suspiro alcancé:
Halló por fin mi fúnebre despecho
Inmenso objeto a mi ilusión amante;
Y de la luna el célico semblante,
Y el triste mar amé.

El mar quedóse allá por su ribera;
Sus olas no treparon las montañas;
Nunca llega a estas márgenes extrañas
Su solemne mugir.
Tú empero que mi amor sigues doquiera,
Cándida luna, en tu amoroso vuelo,
Tú eres la misma que miré en el cielo
De mi patria lucir.

Tú sola mi beldad, sola mi amante,
Unica antorcha que mis pasos guía,

Tú sola enciendes en el alma fría
Una sombra de amor.
Sólo el blando lucir de tu semblante
Mis ya cansados párpados resisten;
Sólo tus formas inconstantes visten
Bello, grato color.

Ora cubra cargada, rubicunda
Nube de fuego tu ardorosa frente;
Ora cándida, pura, refulgente,
Deslumbre tu mirar;
Ora sumida en soledad profunda
Te mire el cielo desmayada y yerta,
Como el semblante de una virgen muerta
¡Ah!... que yo vi expirar.

La he visto, ¡ay, Dios!... Al sueño en que reposa
Yo le cerré los anublados ojos;
Yo tendí sus angélicos despojos
Sobre el negro ataúd.
Yo solo oré sobre la yerta losa
Donde no corre ya lágrima alguna...
Báñala al menos tú, pálida luna...
¡Báñala con tu luz!

Tú lo harás... que a los tristes acompañas,
Y al pensador y al infeliz visitas;
Con la inocencia o con la muerte habitas;
El mundo huye de ti.
Antorcha de alegría en las cabañas,
Lámpara solitaria en las rüinas,
El salón del magnate no iluminas,
¡Pero su tumba... sí!

Cargado a veces de aplomadas nubes
Amaga el cielo con tormenta oscura;
Mas ríe al horizonte tu hermosura,
Y huyó la tempestad;
Y allá del trono do esplendente subes
Riges el curso al férvido Océano,
Cual pecho amante, que al mirar lejano
Hierve, de tu beldad.

Mas, ¡ay!, que en vano en tu esplendor encantas;
Ese hechizo falaz no es de alegría;
Y huyen tu luz y triste compañía
Los astros con temor.
Sola por el vacío te adelantas,
Y en vano en derredor tus rayos tiendes,
Que sólo al mundo en tu dolor desciendes,
Cual sube a ti mi amor.

Y en esta tierra, de aflicción guarida,
¿Quién goza en tu fulgor blandos placeres?
Del nocturno reposo de los seres
No turbas la quietud.
No cantarán las aves tu venida;
Ni abren su cáliz las dormidas flores:
¡Sólo un ser... de desvelos y dolores,
Ama tu yerta luz!...

¡Sí, tú mi amor, mi admiración, mi encanto!
La noche anhelo por vivir contigo,
Y hacia el ocaso lentamente sigo
Tu curso al fin veloz.
Páraste a veces a escuchar mi llanto,
Y desciende en tus rayos amoroso
Un espíritu vago, misterioso,
Que responde a mi voz...

¡Ay!, calló ya... Mi celestial querida
Sufrió también mi inexorable suerte...
Era un sueño de amor... Desvanacerte
Pudo una realidad.
Es cieno ya la esqueletada vida;
No hay ilusión, ni encantos, ni hermosura;
La muerte reina ya sobre natura,
¡Y la llaman... VERDAD!

¡Qué feliz, qué encantado, si ignorante,
El hombre de otros tiempos viviría,
Cuando en el mundo, de los dioses vía
Doquiera la mansión!
Cada eco fuera un suspirar amante,

Una inmortal belleza cada fuente;
Cada pastor, ¡oh luna!, en sueño ardiente
Ser pudo un Endimión.

Ora trocada en un planeta oscuro,
Girando en los abismos del vacío,
Do fuerza oculta y ciega, en su extravío,
Cual piedra te arrojó,

Es luz de ajena luz tu brillo puro;
Es ilusión tu mágica influencia,
Y mi celeste amor... ciega demencia.
¡Ay!... que se disipó.

Astro de paz, belleza de consuelo,
Antorcha celestial de los amores,
Lámpara sepulcral de los dolores,
Tierra y casta deidad,
¿Qué eres, de hoy más, sobre ese helado cielo?
Un peñasco que rueda en el olvido,
¡O el cadáver de un sol que, endurecido
Yace en la eternidad!

Enrique Gil Carrasco

82. *LA VIOLETA*

Flor deliciosa en la memoria mía,
Ven mi triste laúd a coronar,
Y volverán las trovas de alegría
En sus ecos tal vez a resonar.
Mezcla tu aroma a sus cansadas cuerdas;
Yo sobre ti no inclinaré mi sien,
De miedo, pura flor, que entonces pierdas
Yo, sin embargo, coroné mi frente
Con tu gala en las tardes del abril,
Yo te buscaba a orillas de la fuente,
Yo te adoraba tímida y gentil.
Porque eras melancólica y perdida,
Y era perdido y lúgubre mi amor,

Y en ti miré el emblema de mi vida
Y mi destino, solitaria flor.
  Tú allí crecías olorosa y pura
Con tus moradas hojas de pesar;
Pasaba entre la yerba tu frescura
De la fuente al confuso murmurar.
  Y pasaba mi amor desconocido,
De un arpa oscura al apagado son,
Con frívolos cantares confundido
El himno de mi amante corazón.
  Yo busqué la hermandad de la desdicha
En tu cáliz de aroma y soledad,
Y a tu ventura asemejé mi dicha,
  ¡Cuántas meditaciones han pasado
Por mi frente mirando tu arrebol!
¡Cuántas veces mis ojos te han dejado
Para volverse al moribundo sol!
  ¡Qué de consuelos a mi pena diste
Con tu calma y tu dulce lobreguez,
Cuando la mente imaginaba triste
El negro porvenir de la vejez!
  Yo me decía: «Buscaré en las flores
Seres que escuchen mi infeliz cantar,
Que mitiguen con bálsamos de olores
Las ocultas heridas del pesar.»
  Y me apartaba, al alumbrar la luna,
De ti, bañada en moribunda luz,
Adormecida en tu vistosa cuna,
Velada en tu aromático capuz.
  Y una esperanza el corazón llevaba
Pensando en tu sereno amanecer,
Y otra vez en tu cáliz divisaba
Perdidas ilusiones de placer.

  Héme hoy aquí: ¡cuán otros mis cantares!
¡Cuán otro mi pensar, mi porvenir!
Ya no hay flores que escuchen mis pesares,
Ni soledad donde poder gemir.
  Lo secó todo el soplo de mi aliento,
Y naufragué con mi doliente amor;
Lejos ya de la paz y del contento,
Mírame aquí en el valle del dolor.

Era dulce mi pena y mi tristeza;
Tal vez moraba una ilusión detrás:
Mas la ilusión voló con su pureza;
Mis ojos, ¡ay!, no la verán jamás.
Hoy vuelvo a ti, cual pobre viajero
Vuelve al hogar que niño le acogió;
Pero mis glorias recobrar no espero,
Sólo a buscar la huesa vengo yo.
Vengo a buscar mi huesa solitaria
Para dormir tranquilo junto a ti,
Ya que escuchaste un día mi plegaria,
Y un ser humano en tu corola vi.
Ven mi tumba a adornar, triste viola,
Y embalsama mi oscura soledad;
Sé de su pobre césped la aureola
Con tu vaga y poética beldad.
Quizá al pasar la virgen de los valles,
Enamorada y rica en juventud,
Por las umbrosas y desiertas calles
Do yacerá escondido mi ataúd,
Irá a cortar la humilde vïoleta
Y la pondrá en su seno con dolor,
Y llorando dirá: «¡Pobre poeta!
¡Ya está callada el arpa del amor!»

Padre Juan Arolas

83. *SE MAS FELIZ QUE YO*

Sobre pupila azul, con sueño leve,
Tu párpado cayendo amortecido,
Se parece a la pura y blanca nieve
Que sobre las violetas reposó:
Yo el sueño del placer nunca he dormido:
Sé más feliz que yo.
Se asemeja tu voz en la plegaria
Al canto del zorzal de indiano suelo
Que sobre la pagoda solitaria
Los himnos de la tarde suspiró:

Yo sólo esta oración dirijo al cielo:
Sé más feliz que yo.
Es tu aliento la esencia más fragante
De los lirios del Arno caudaloso
Que brotan sobre un junco vacilante
Cuando el céfiro blando los meció:
Yo no gozo su aroma delicioso:
Sé más feliz que yo.
El amor, que es espíritu de fuego,
Que de callada noche se aconseja
Y se nutre con lágrimas y ruego,
En tus purpúreos labios se escondió:
Él te guarde el placer y a mí la queja:
Sé más feliz que yo.
Bella es tu juventud en sus albores
Como un campo de rosas del Oriente;
Al ángel del recuerdo pedí flores
Para adornar tu sien, y me las dio;
Yo decía al ponerlas en tu frente:
Sé más feliz que yo.
Tu mirada vivaz es de paloma;
Como la adormidera del desierto
Causas dulce embriaguez, hurí de aroma
Que el cielo de topacio abandonó:
Mi suerte es dura, mi destino incierto:
Sé más feliz que yo.

Pablo Piferrer

84. *CANCION DE LA PRIMAVERA*

Ya vuelve la primavera:
Suene la gaita —ruede la danza:
Tiende sobre la pradera
El verde manto—de la esperanza.

Sopla caliente la brisa:
Suene la gaita —ruede la danza:
Las nubes pasan aprisa,
Y el azur muestran—de la esperanza
La flor ríe en su capullo:
Suene la gaita —ruede la danza:
Canta el agua en su murmullo
El poder santo—de la esperanza.

¿La oís que en los aires trina?
Suene la gaita —ruede la danza:
«Abrid a la golondrina,
Que vuelve en alas—de la esperanza.»—
Niña, la niña modesta:
Suene la gaita —ruede la danza:
El Mayo trae tu fiesta
Que el logro trae—de tu esperanza.

Cubre la tierra el amor:
Suene la gaita —ruede la danza:
El perfume engendrador
Al seno sube—de la esperanza.

Todo zumba y reverdece:
Suene la gaita —ruede la danza:
Cuando el son y el verdor crece,
Tanto más crece—toda esperanza.

Sonido, aroma y color
Suene la gaita —ruede la danza,
Unense en himnos de amor,
Que engendra el himno—de la esperanza.
Morirá la primavera:
Suene la gaita —ruede la danza:
Mas cada año en la pradera
Tornará el manto—de la esperanza.

La inocencia de la vida
(Calle la gaita, pare la danza)
No torna una vez perdida:
¡Perdí la mía!—¡ay mi esperanza!

Gabriel García Tassara

85. *HIMNO AL MESIAS*

Baja otra vez al mundo,
¡Baja otra vez, Mesías!
De nuevo son los días
De tu alta vocación;
Y en su dolor profundo
La humanidad entera
El nuevo oriente espera
De un sol de redención.
Corrieron veinte edades
Desde el supremo día
Que en esa cruz te vía
Morir Jerusalén;
Y nuevas tempestades
Surgieron y bramaron,
De aquellas que asolaron
El primitivo Edén.
De aquellas que le ocultan
Al hombre su camino
Con ciego torbellino
De culpa y expiación;
De aquellas que sepultan
En hondos cautiverios
Cadáveres de imperios
Que fueron y no son.
Sereno está en la esfera
El sol del firmamento;
La tierra en su cimiento
Inconmovible está:
La blanca primavera
Con su gentil abrazo
Fecunda el gran regazo
Que flor y fruto da.
Mas, ¡ay!, que de las almas
El sol yace eclipsado:
Mas, ¡ay!, que ha vacilado
El polo de la fe;
Mas, ¡ay!, que ya tus palmas
Se vuelven al desierto:

No crecen, no, en el huerto
Del que tu pueblo fue.
Tiniebla es ya la Europa:
Ella agotó la ciencia,
Maldijo su creencia,
Se apacentó con hiel;
Y rota ya la copa
En que su fe bebía,
Se alzaba y te decía:
«¡Señor!, yo soy Luzbel.»
Mas, ¡ay!, que contra el cielo
No tiene el hombre rayo,
Y en súbito desmayo
Cayó de ayer a hoy;
Y en son de desconsuelo,
Y en llanto de impotencia,
Hoy clama en tu presencia:
«Señor, tu pueblo soy.»
No es, no, la Roma atea
Que entre aras derrocadas
Despide a carcajadas
Los dioses que se van;
Es la que, humilde rea,
Baja a las catacumbas,
Y palpa entre las tumbas
Los tiempos que vendrán,
Todos, Señor, diciendo
Está los grandes días
De luto y agonías,
De muerte y orfandad;
Que, del pecado horrendo
Envuelta en el sudario,
Pasa por un Calvario
La ciega humanidad.
Baja, ¡oh Señor!, no en vano
Siglos y siglos vuelan;
Los siglos nos revelan
Con misteriosa luz
El infinito arcano
Y la virtud que encierra,
Trono de cielo y tierra
Tu sacrosanta cruz,

Toda la historia humana,
¡Señor!, está en tu nombre;
Tú fuiste Dios del hombre,
Dios de la humanidad.
Tu sangre soberana
Es su Calvario eterno;
Tu triunfo del infierno
Es su inmortalidad.
¿Quién dijo, Dios clemente,
Que tú no volverías,
Y a horribles gemonías,
Y a eterna perdición,
Condena a esta doliente
Raza del ser humano
Que espera de tu mano
Su nueva salvación?
Sí, tú vendrás. Vencidos
Serán con nuevo ejemplo
Los que del santo templo
Apartan a tu grey.
Vendrás y confundidos
Caerán con los ateos
Los nuevos fariseos
De la caduca ley.
¿Quién sabe si ahora mismo
Entre alaridos tantos
De tus profetas santos
La voz no suena ya?
Ven, saca del abismo
A un pueblo moribundo;
Luzbel ha vuelto al mundo
Y Dios ¿no volverá?
¡Señor! En tus juicios
La comprensión se abisma;
Mas es siempre la misma
Del Gólgota la voz.
Fatídicos auspicios
Resonarán en vano;
No es el destino humano
La humanidad sin Dios.
Ya pasarán los siglos
De la tremenda prueba;

¡Ya nacerás, luz nueva
De la futura edad!
Ya huiréis, ¡negros vestiglos
De los antiguos días!
Ya volverás ¡Mesías!
En gloria y majestad.

Gertrudis Gómez de Avellaneda

86. *AMOR Y ORGULLO*

Un tiempo hollaba por alfombras rosas;
Y nobles vates, de mentidas diosas
Prodigábanme nombres;
Mas yo, altanera, con orgullo vano,
Cual águila real al vil gusano
Contemplaba a los hombres.
Mi pensamiento—en temerario vuelo—
Ardiente osaba demandar al cielo
Objeto a mis amores:
Y si a la tierra con desdén volvía
Triste mirada, mi soberbia impía
Marchitaba sus flores.
Tal vez por un momento caprichosa
Entre ellas revolé, cual mariposa,
Sin fijarme en ninguna;
Pues de místico bien siempre anhelante,
Clamaba en vano, como tierno infante
Quiere abrazar la luna.
Hoy, despeñada de la excelsa cumbre,
Do osé mirar del sol la ardiente lumbre
Que fascinó mis ojos,
Cual hoja seca al raudo torbellino,
Cedo al poder del áspero destino...
¡Me entrego a sus antojos!
Cobarde corazón, que el mundo estrecho
Gimiendo sufres, dime: ¿qué se ha hecho
Tu presunción altiva?

¿Qué mágico poder, en tal bajeza
Trocando ya tu indómita fiereza,
De libertad te priva?
Mísero esclavo de tirano dueño;
Tu gloria fue cual mentiroso sueño,
Que con las sombras huye!
Di ¿qué se hicieron ilusiones tantas
De necia vanidad, débiles plantas
Que el aquilón destruye?
En hora infausta a mi feliz reposo,
¿No dijiste, soberbio y orgulloso:
—Quién domará mi brío?
¡Con mi solo poder haré, si quiero,
Mudar de rumbo al céfiro ligero
Y arder al mármol frío!
¡Funesta ceguedad! ¡Delirio insano!
Te gritó la razón... Mas ¡cuán en vano
Te advirtió tu locura!
Tú misma te forjaste la cadena,
Que a servidumbre eterna te condena,
Y a duelo y amargura.
Los lazos caprichosos que otros días
—Por pasatiempo—a tu placer tejías,
Fueron de seda y oro;
Los que hora rinden tu valor primero
Son eslabones de pesado acero,
Templados con tu lloro.
¿Qué esperaste, ¡ay de ti!, de un pecho helado.
De inmenso orgullo y presunción hinchado.
De víboras nutrido?
Tú —que anhelabas tan sublime objeto—
¿Cómo al capricho de un mortal sujeto
Te arrastras abatido?
¿Con qué velo tu amor cubrió mis ojos,
Que por flores tomé duros abrojos
Y por oro la arcilla?...
¡Del torpe engaño mis rivales ríen,
Y mis amantes, ¡ay!, tal vez se engríen
Del yugo que me humilla!
¿Y tú lo sufres, corazón cobarde?
¿Y de tu servidumbre haciendo alarde,
Quieres ver en mi frente

El sello del amor que te devora?...
¡Ah!, vélo, pues, y búrlese en buen hora
De mi baldón la gente.

¡Salga del pecho —requemando el labio—
El caro nombre, de un orgulloso agravio.
De mi dolor sustento!
¿Escrito no le ves en las estrellas
Y en la luna apacible, que con ellas
Alumbra el firmamento?

¿No le oyes, de las auras al murmullo?
¿No le pronuncia— en gemidor arrullo—
La tórtola amorosa?
¿No resuena en los árboles, que el viento
Halaga con pausado movimiento
En esa selva hojosa?

De aquella fuente entre las claras linfas,
¿No le articulan invisibles ninfas
Con eco lisonjero?...
¿Por qué callar el nombre que te inflama,
Si aún el silencio tiene voz, que aclama
Ese nombre que quiero?

Nombre que un alma lleva por despojo;
Nombre que excita con placer enojo,
Y con ira ternura;
Nombre más dulce que el primer cariño
De joven madre al inocente niño,
Copia de su hermosura;

Y más amargo que el adiós postrero
Que al suelo damos, donde el sol primero
Alumbró nuestra vida.
Nombre que halaga y halagando mata;
Nombre que hiere —como sierpe ingrata—
Al pecho que le anida.

¡No, no lo envíes corazón, al labio!...
¡Guarda tu mengua con silencio sabio!
¡Guarda, guarda tu mengua!
¡Callad también vosotras, auras, fuente,
Trémulas hojas, tórtola doliente,
Como calla mi lengua!

Eulogio Florentino Sanz

87. *EPISTOLA A PEDRO*

Quiero que sepas, aunque bien lo sabes,
Que a orillas del Spree (ya que del río
Se hace mención en circunstancias graves)
Mora un semialemán, muy señor mío,
Que entre los rudos témpanos del Norte
Recuerda la amistad y olvida el frío.
Lejos de mi Madrid, la villa y corte,
Ni de ella falto yo porque esté lejos,
Ni hay una piedra allí que no me importe;
Pues sueña con la patria, a los reflejos
De su distante sol, el desterrado.
Como con su niñez sueñan los viejos.
Ver quisiera un momento y a tu lado,
Cuál por ese aire azul nuestra Cibeles
En carroza triunfal rompe hacia el Prado...
¿Ríes?... Juzga el volar cuando no vueles...
¡Atomo harás del mundo que poseas
Y mundo harás del átomo que anheles!
Al sentir *coram vulgo* no te creas...
Al pensar *coram vulgo*, no te olvides
De compulsar a solas tus ideas
Como dejes la España en que resides,
Dondequiera que estés, ya echarás menos
Esa patria de Dolfos y de Cides;
Que obeliscos y pórticos ajenos
Nunca valdrán los patrios palomares
Con las memorias de la infancia llenos.
Por eso, aunque dan son a mis cantares
Elba, Danubio y Rin, yo los olvido
Recordando a mi pobre Manzanares.
¡Allí mi juventud!... ¡ay! ¿quién no ha oído
Desde cualquier región, ecos de aquella
Donde niñez y juventud han sido?
Hoy mi vida de ayer, pálida o bella,
Múltiple se repite en mis memorias,

Como en lágrimas mil única estrella...
  Que quedan en el alma las historias
De dolor o placer, y allí se hacinan,
Del fundido metal muertas escorias.
  Y, aunque ya no calientan ni iluminan,
Si al soplo de un suspiro se estremecen,
¡Aún consuelan el alma!... ¡o la asesinan!
  Cuando al partir del sol las sombras crecen,
Y, entre sombras y sol, tibios instantes
En torno del horario se adormecen;
  El dolor y el placer, férvidos antes,
Se pierden ya en el alma indefinidos,
A la luz y a la sombra semejantes.
  Y en esta languidez de los sentidos,
Crepúsculo moral en que indolente
Se arrulla el corazón con sus latidos,
  Pláceme contemplar indiferente
Cuál del dormido Spree sobre la espalda
Y en lúbrico chapín sesga la gente.
  O recordar el toldo de esmeralda
Que antes bordó el abril en donde ahora
Nieve septentrional tiende su falda:
  Mientras la luz del Héspero incolora
Baña el campo sin fin, que el Norte rudo
Salpicó de brillantes a la aurora.
....
  ¡Hijo de otra región, trémulo y mudo
Con la mirada que por ti paseo,
Nieve septentrional, yo te saludo!
  Una tarde de Mayo casi creo
Que salta a mi memoria su hermosura
De este cuadro invernal como un deseo).
  Una tarde de flores y verdura,
Rica de cielo azul, sin un celaje,
Y empapada en aromas y frescura;
  En que, al son de las auras, el ramaje
Trémulo de los tilos repetía
De otros lejanos bosques el mensaje;
  Yo, con mi propio afán por compañía,
Del recinto salí que nombró el mundo
Corte del rey filósofo algún día.
  A su verdor del Norte sin segundo,
De un frondoso jardín los laberintos

Atrajeron mi paso vagabundo...
En armoniosa confusión distintos,
Cándidos nardos y claveles rojos,
Tulipanes, violetas y jacintos.
De admirar el vergel diéronme antojos;
Y perdíme en sus vueltas, rebuscando,
Ya que no al corazón, pasto a los ojos.
Y una viola, que al favorito blando
Columpiaba su tímida corola.
Quise arrancar... Mas súbito, clavando
Mis ojos en el césped, donde sola
Daba al favonio sus esencias puras,
Respeté por el césped su viola...
¡Guirnalda funeral, de desventuras
Y lágrimas nacida, eran las flores
De aquel vasto jardín de sepulturas!
Pero jardín. Allí, cuando los llores,
Aún te hablarán la amante o el amigo
Con aromas y jugos y colores...
¡Y de tu santo afán mudo testigo,
Algo en aquellas flores sepulcrales,
Algo del muerto bien será contigo!
Dentro de nuestros muros funerales
Jamás brota una flor... Mal brotaría
De ese alcázar de cal y mechinales,
Indice de la nada en simetría,
Que a la madre común roba los muertos
Para henchir su profana estantería;
¡Ruin estación de huéspedes inciertos
Que ofreciera a los vivos su morada
Por alquilar los túmulos abiertos!
De tierra sobre tierra fabricadas,
Más solemnes quizá, por más sencillas,
Las del santo jardín tumbas aisladas,
Con su césped de flores amarillas
Se elevan... no muy altas... a la altura
Del que llore, al besarlas, de rodillas.
¡Más sola allí, sin flores, sin verdura,
Bajo su cruz de hierro se levanta
De un hispano cantor la sepultura!... [1]
Delante de su cruz tuve mi planta...
Y soñé que en su rótulo leía:

«¡Nunca duerme entre flores quien las canta!»
¡Pobre césped marchito! ¡Quién diría
Que el cantor de las flores en tu seno
Durmiera tan sin flores algún día!
Mas ¡ay del ruiseñor que, en aire ajeno,
Por atmósfera extraña sofocado,
Sobre extraña región cayó en el cieno!
¡Ay del vate infeliz que, amortajado
Con su negro ropón de peregrino,
Yace en su propia tumba desterrado!
Yo, al encontrar su cruz en mi camino,
Como engendra el dolor supersticiones,
Llamé tres veces al cantor divino.
Y de su lira desperté los sones,
Y turbé los sepulcros murmurando
La más triste canción de sus canciones...
Y a la viola, que al favonio blando
Columpiaba allí cerca su corola.
Volví turbios los ojos... Y clavando
La rodilla en el césped (donde sola
Era airón sepulcral de una doncella)
Desprendí de su césped la viola.
Y al lado del cantor volví con ella;
Y así lloré, sobre su cruz mi mano,
La del pobre cantor mísera estrella:
—Bien te dice mi voz que soy tu hermano;
¿Quién saludara tus despojos fríos
Sin el ¡ay! de mi acento castellano?

[1] Enrique Gil Carrasco.

Diéronte ajena tumba hados impíos...
¡Si ojos extraños la contemplan secos,
Hoy la riegan de lágrimas los míos!
Sólo suena mi voz entre sus huecos,
Para que en ella, si la escuchas, halles
Los de tu propia voz póstumos ecos...
¡Por las desiertas y sombrías calles
Donde duerme tu féretro escondido,
No pasa, no, la virgen de los valles!
Una vez que ha pasado no ha venido...
Trajéronla con rosas... A tu lado
La virgen, desde entonces, ha dormido...

Si su pálida sombra, al compasado
Son de la medianoche, inoportuna.
Flores entre tu césped ha buscado,
Bien habrá visto a la menguante luna
Que en el santo jardín, rico de flores,
Solo yace tu césped sin ninguna.
¡No tienes una flor!... Ni ¿a qué dolores
Una flor de tu césped respondiera
Con aromas y jugos y colores?
Sólo al riego de lágrimas naciera.
Y de tu fosa en el terrón ajeno
¿Quién derrama una lágrima siquiera?
¡Ay, sí, del ruiseñor, de vida lleno,
Que, en atmósfera extraña sofocado,
Sobre extraña región cayó en el cieno!
Cantor en el sepulcro desterrado.
Descansa en paz. ¡Adiós...! Y si a deshora
Un viajero del Sur pasa a tu lado.
Si al contemplar tu cruz, como yo ahora.
Con su idioma español el vïajero
Te llama aquí tres veces y aquí llora,
Dígale el son del aura lastimero
Cuál en los brazos de tu cruz escueta
Peregrino del Sur lloré primero...
¡Recibe con mi adiós tu vïoleta!
La tumba de la virgen te la envía...
....
¡Y al unirse la flor con su poeta,
Ya en el ocaso agonizaba el día!

Adelardo López de Ayala

88. *EPISTOLA A EMILIO ARRIETA*

De nuestra gran virtud y fortaleza
Al mundo hacemos con placer testigo:
Las ruindades del alma y su flaqueza
Sólo se cuentan al secreto amigo.
De mi ardiente ansiedad y mi tristeza
A solas quiero razonar contigo:
Rasgue a su alma sin pudor el velo

Quien busque admiración y no consuelo.
No quiera Dios que en ruinas insolentes
De mi pesar al mundo le dé indicios.
Imitando a esos genios imprudentes
Que alzan la voz para cantar sus vicios.
Yo busco, retirado de las gentes,
De la amistad los dulces beneficios:
No hay causa ni razón que me convenza
De que es genio la falta de vergüenza.
En esta humilde y escondida estancia,
Donde aún resuenan con medroso acento
Los primeros sollozos de mi infancia
Y de mi padre el postrimer lamento
Esclarecido el mundo a la distancia
A que de aquí le mira el pensamiento.
Se eleva la verdad que amaba tanto;
Y, antes que afecto, me produce espanto.
Aquí, aumentando mi congoja fiera,
Mi edad pasada y la presente miro.
La limpia voz de mi virtud entera,
Hoy convertida en áspero suspiro,
Y el noble aliento de mi edad primera
Trocado en la ansiedad con que respiro,
Claro publican dentro de mi pecho
Lo que hizo Dios y lo que el mundo ha hecho.
Me dotaron los cielos de profundo
Amor al bien y de valor bastante
Para exponer al embriagado mundo
Del vicio vil el sórdido semblante;
Y al ver que imbécil en el cieno hundo
De mi existencia la misión brillante,
Me parece que el hombre en voz confusa
Me pide el robo y de ladrón me acusa.
Y estos salvajes montes corpulentos.
Fieles amigos de la infancia mía,
Que con la voz de los airados vientos
Me hablaban de virtud y de energía,
Hoy con duros semblantes macilentos
Contemplan mi abandono y cobardía,
Y gimen de dolor, y cuando braman,
Ingrato y débil y traidor me llaman.
Tal vez a la batalla me apercibo;

Dudo de mi constancia y de esta duda
Toma ocasión el vicio ejecutivo
Para moverme guerra más sañuda;
Y, cuando débil el combate esquivo,
«Mañana, digo, llegará en mi ayuda»;
¡Y mañana es la muerte y mi ansia vana
Deja mi redención para mañana!
  Perdido tengo el crédito conmigo.
Y avanza cual gangrena el desaliento:
Conozco y aborrezco a mi enemigo;
Y en sus brazos me arrojo soñoliento.
La conciencia el deleite que consigo
Perturba siempre: sofocar su acento
Quiere el placer, y, lleno de impaciencia,
Ni gozo el mal ni aplaco la conciencia.
  Inquieto, vacilante, confundido
Con la múltiple forma del deseo,
Impávido una vez, otra corrido
Del vergonzoso estado en que me veo,
Al mismo Dios contemplo arrepentido
De darme un alma que tan mal empleo:
La hacienda que he perdido no era mía,
Y el deshonor los tuétanos me enfría.
  Aquí, revuelto en la fatal madeja
Del torpe amor, disipador cansado
Del tiempo, que al pasar sólo me deja
El disgusto de haberlo malgastado;
Si el hondo afán con que de mí se queja
Todo mi ser, me tiene desvelado,
¿Por qué no es antes noble impedimento
Lo que es después atroz remordimiento?
  ¡Valor!, y que resulte de mi daño
Fecundo el bien: que de la edad perdida
Brote la clara luz del desengaño
Iluminando mi razón dormida:
Para vivir me basta con un año,
Que envejecer no es alargar la vida:
¡Joven murió tal vez que eterno ha sido,
Y viejos mueren sin haber vivido!
  Que tu voz, queridísimo Emiliano,
Me mantenga seguro en mi porfía;
Y así el Creador, que con tan larga mano

Te regaló fecunda fantasía,
Te enriquezca, mostrándote el arcano
De su eterna y espléndida armonía;
Tanto, que el hombre, en su placer o duelo
Tu canto elija para hablar al cielo.
Los ecos de la cándida alborada,
Que al mundo anima en blando movimiento,
Te demuestren del alma enamorada
El dulce anhelo y el primer acento;
El rumor de la noche sosegada,
La noble gravedad del pensamiento;
Y las quejas del ábrego sombrío
La ronca voz del corazón impío.
Y el gran torrente que, con pena tanta,
Por las quiebras del hondo precipicio,
Rugiendo de amargura, se quebranta,
Deje en tu alma verdadero indicio
De la virtud, que gime y se abrillanta
En las quiebras del rudo sacrificio,
Y en tu canto resuenen juntamente
El bien futuro y el dolor presente.
Y en las férvidas olas impelidas
Del huracán, que asalta las estrellas,
Y rebraman, mostrando embravecidas
Que el aliento de Dios se encierra en ellas,
Aprendas las canciones dirigidas
Al que para en su curso las centellas,
Y resuene tu voz de polo a polo,
De su grandeza intérprete tú solo.

Ramón de Campoamor

89. *¡QUIEN SUPIERA ESCRIBIR!*

I

—Escribidme una carta, señor Cura,
—Ya sé para quién es.
¿Sabéis quién es, porque una noche oscura

nos vistéis juntos? —Pues.
—Perdonad; mas...—No extraño ese tropiezo.
La noche... la ocasión...
Dadme pluma y papel. Gracias. Empiezo:
Mi querido Ramón:

—¿Querido?... Pero, en fin, ya lo habéis puesto...
—Si no queréis...—¡Sí, sí!
—¡Qué triste estoy! ¿No es eso? —Por supuesto.
—¡Qué triste estoy sin ti!

Una congoja, al empezar, me viene...
—¿Cómo sabéis mi mal?
—Para un viejo, una niña siempre tiene
El pecho de cristal.

¿Qué es sin ti el mundo? Un valle de amargura.
¿Y contigo? Un edén.
—Haced la letra clara, señor Cura;
Que lo entienda eso bien.

—El beso aquel que de marchar a punto
Te di...—¿Cómo sabéis?
—Cuando se va y se viene y se está junto
Siempre... no os afrentéis...

Y si volver tu afecto no procura
Tanto me harás sufrir...
—¿Sufrir y nada más? No, señor Cura,
¡Que me voy a morir!

—¿Morir? ¿Sabéis que es ofender al cielo?...
—Pues, sí, señor, ¡morir!
—Yo no pongo morir. —¡Qué hombre de hielo!
¡Quién supiera escribir!

II

¡Señor Rector, señor Rector!, en vano
Me queréis complacer,
Si no encarnan los signos de la mano
Todo el ser de mi ser.

Escribidle, por Dios, que el alma mía
Ya en mí no quiere estar;
Que la pena no me ahoga cada día...
Porque puedo llorar.

Que mis labios, las rosas de su aliento,
No se saben abrir;
Que olvidan de la risa el movimiento
A fuerza de sentir.

Que mis ojos, que él tiene por tan bellos,
Cargados con mi afán,
Como no tienen quien se mire en ellos,
Cerrados siempre están.

Que es, de cuantos tormentos he sufrido,
La ausencia el más atroz;
Que es un perpetuo sueño de mi oído
El eco de su voz...

Que siendo por su causa, el alma mía
¡Goza tanto en sufrir!...
Dios mío ¡cuántas cosas le diría
Si supiera escribir!...

III

EPÍLOGO

—Pues señor, ¡bravo amor! Copio y concluyo:
A don Ramón... En fin,
Que es inútil saber para esto arguyo
Ni el griego ni el latín.

90. *LO QUE HACE EL TIEMPO*

A Blanca Rosa de Osma

Con mis coplas, Blanca Rosa,
Tal vez te cause cuidados
Por cantar
Con la voz ya temblorosa,

Y los ojos ya cansados
De llorar.

Hoy para ti sólo hay glorias,
Y danzas y flores bellas,
Mas después,
Se alzarán tristes memorias,
Hasta de las mismas huellas
De tus pies.

En tus fiestas seductoras
¿No oyes del alma en lo interno
Un rumor,
Que lúgubre a todas horas,
Nos dice que no es eterno
Nuestro amor?

¡Cuánto a creer se resiste
Una verdad tan odiosa
Tu bondad!
¡Y esto fuera menos triste
Si no fuera, Blanca Rosa,
Tan verdad!
Te aseguro, como amigo,
Que es muy raro, y no te extrañe,
Amar bien.
Siento decir lo que digo;
Pero ¿quieres que te engañe
Yo también?

Pasa un viento arrebatado,
Viene amor, y a dos en uno
Funde Dios;
Sopla el desamor helado,
Y vuelve a hacer, importuno,
De uno, dos.

Que amor, de egoísmo lleno,
A su gusto se acomoda
Bien y mal;
En él hasta herir es bueno,
Se ama o no se ama, esta es toda

Su moral.

¡Oh!, ¡qué bien cumple el amante,
Cuando aun tiene la inocencia,
Su deber!
Y ¡cómo, más adelante,
Aviene con su conciencia
Su placer!

¿Y es culpable el que, sediento,
Buscando va en nuevos lazos
Otro amor?
¡Sí!, culpable como el viento
Que, al pasar, hace pedazos
Una flor.

¿Verdad que es abominable
Que el corazón vagabundo
Mude así,
Sin ser por ello culpable,
Porque esto pasa en el mundo
Porque sí?

Se ama una vez sin medida,
Y aun se vuelve a amar sin tino
Más de dos.
¡Cuán versátil es la vida!
¡Cuán vano es nuestro destino,
Santo Dios!

El lleve tu labio ayuno
A algún manantial querido
De placer,
Donde dichosa, ninguno
Te enseñe nunca el olvido
Del deber.

Siempre el destino constante
Nos da cual vil usurero
Su favor:
Da amor primero y no amante;
Después mucho amante, pero

Poco amor.

Tranquila a veces reposa,
Y otras se marcha volando
Nuestra fe.
Y esto pasa, Blanca Rosa,
Sin saber cómo, ni cuándo,
Ni por qué.

Nunca es estable el deseo,
Ni he visto jamás terneza
Siempre igual.
Y ¿a qué negarlo? No creo
Ni del bien en la fijeza,
Ni del mal.

Este ir y venir sin tasa,
Y este moverse impaciente,
Pasa así,
Porque así ha pasado y pasa,
Porque sí, y, ¡ay!, solamente
Porque sí.

¡Cuán inútil es que huyamos
De los fáciles amores
Con horror,
Si cuanto más las pisamos,
Más nos embriagan las flores
Con su olor!

El cielo sin duda envía
La lucha a la tormentosa
Juventud;
Pues ¿qué mérito tendría
Sin esfuerzos, Blanca Rosa,
La virtud?

¡Ay!, un alma inteligente,
Siempre en nuestra alma divisa
Una flor,
Que se abre infaliblemente
Al soplo de alguna brisa
De otro amor.

Mas dirás: —¿Y en qué consiste
Que todo a mudar convida?—
¡Ay de mí!
En que la vida es muy triste...
Pero aunque triste, la vida
Es así.

Y si no es amor el vaso
Donde el sobrante se vierte
del dolor,
Pregunto yo: —¿Es digno acaso
De ocuparnos vida y muerte
Tal amor?—

Nunca sepas, Blanca Rosa,
Que es la dicha una locura,
Cual yo sé;
Si quieres ser venturosa,
Ten mucha fe en la ventura,
Mucha fe.

Si eres feliz algún día,
¡Guay, que el recuerdo tirano
De otro amor
No se filtre en tu alegría,
Cual se desliza un gusano
Roedor!

Tú eres de las almas buenas,
Cuyos honrados amores
Siempre son
Los que bendicen sus penas,
Penas que se abren en flores
De pasión.

Con tus visiones hermosas,
Nunca de tu alma el abismo
Llenarás,
Pues la fuerza de las cosas
Puede más que Hércules mismo,
¡Mucho más!...

Si huye una vez la ventura,
Nadie después ve las flores

Renacer
Que cubren la sepultura
De los recuerdos traidores
Del ayer.

¿Y quién es el responsable
De hacer tragar sin medida
Tanta hiel?
¡La vida!, ¡ésta es la culpable!
La vida, sólo es la vida
Nuestra infiel.

La vida, que desalada,
De un vértigo del infierno
Corre en pos:
Ella corre hacia la nada;
¿Quieres ir hacia lo eterno?
Ve hacia Dios.

¡Sí!, corre hacia Dios, y El haga
Que tengas siempre una vieja
Juventud.
La tumba todo lo traga;
Sólo de tragarse deja
La virtud.

José Selgas

91. *EL ESTIO*

Mayo recoge el virginal tesoro;
Desciñe Flora su gentil guirnalda;
La sombra busca el material sonoro
Del alto monte en la risueña falda;
Campos son ya de púrpura y de oro
Los que fueron de rosa y esmeralda;
Y apenas riza su corriente el río
A los primeros soplos del Estío.
El soto ameno y la enramada umbrosa,
El valle alegre y la feraz ribera,
Con voz desalentada y cariñosa
Despiden a la dulce Primavera;
Muere en su tallo la inocente rosa;

Desfallece la altiva enredadera;
Y en desigual y tenue movimiento
Gime en el bosque fatigado el viento.
Por la alta cumbre del collado asoma
La blanca aurora su rosada frente,
Reparte perlas y recoge aroma;
Se abre la flor que su mirada siente;
Repite los arrullos la paloma
Bajo las ramas del laurel naciente;
Y allá por los tendidos olivares
Se escuchan melancólicos cantares.
Del aura dócil al impulso blando
La rubia mies en la llanura ondea;
Del dulce nido alrededor volando
La alondra gira y de placer gorjea;
Las ondas de la fuente suspirando
Quiebran el rayo de la luz febea,
Y en delicados mágicos colores
El fruto asoma al expirar las flores.
Sobre los montes que cercando toca
La niebla tiende su bordado encaje;
Desde el peñón de la desierta roca
Lánzase audaz el águila salvaje;
El seco vientecillo que sofoca
Cubre de polvo el pálido follaje;
Y por el monte y por la vaga umbría
Crece el calor y se derrama el día.
Y en el árido ambiente se dilata
La esencia de la flor de los tomillos,
Y lento el río su raudal desata
Entre mimbres y juncos amarillos;
Y si al cubrir sus círculos de plata
Con sus plumeros blandos y sencillos
La caña dócil la corriente roza,
Trémula el agua de placer solloza.
Del valle en tanto en la pendiente orilla
Manso cordero del calor sosiega;
Se oyen los cantos de la alegre trilla;
Suenan los ecos de la tarde siega;
Ardiente el sol en el espacio brilla;
El cielo azul su majestad despliega,
Y duermen a la sombra los pastores,
Y se abrasan de sed los segadores.

Presta sombra a la rústica majada
La noble encina que a la edad resiste;
En su copa de fruto coronada
La vid de verde majestad se viste;
A su pie la doncella enamorada
Canta de amor, pero su canto es triste,
Que, en el profundo afán que la devora,
Amores canta porque celos llora.

Y el eco de su voz, dulce al oído
Más que el tierno arrullar de la paloma,
Por el monte y el valle repetido,
Tristes, confusas vibraciones toma;
Y en las ondas del aire suspendido
Se escapa al fin por la quebrada loma,
Y sin que el aura devolverlo pueda
Todo en reposo y en silencio queda,

Mudas están las fuentes y las aves;
No circula ni un átomo de viento;
Cortadas por el sol lentas y graves
Caen las hojas del árbol macilento;
Tenue vapor en ráfagas süaves
Se levanta con fácil movimiento,
Y mezclando en la luz su sombra extraña,
Va formando la nube en la montaña.

Hinchada, al fin, soberbia, se desprende
Del horizonte azul la nube densa,
Y el fuego del relámpago la enciende,
Y gira por la atmósfera suspensa.
Y ya sus flancos inflamados tiende,
Ya el vapor de su seno se condensa,
Y soltando el granizo en lluvia escasa
La rompe el trueno, y se divide y pasa.

Y el sol que se reclina en Occidente
De su encendido manto se despoja,
Y en los blancos celajes del Oriente
Se pierde el rayo de su lumbre roja.
Brilla la gota de agua trasparente
Detenida en el polvo de la hoja,
Y tendiendo el crepúsculo su planta
Del fondo de los valles se levanta.

Como el ensueño dulce y regalado
Que en la fiebre de amor templa el desvelo,
Vertiendo en nuestro espíritu agitado

La misteriosa esencia del consuelo;
Así por el ambiente reposado
De estrellas y vapor bordando el cielo,
Breves y llenas de feraz rocío
Cruzan las noches del ardiente Estío.
Y en tristes ecos el silencio crece,
Y en tibio resplandor la sombra vaga;
La luz de las estrellas se estremece
Y en el limpio raudal brilla y se apaga;
Naturaleza entera se adormece
En el hondo placer que la embrïaga,
Y lleva el aura en vacilantes giros
Besos, sombras, perfumes y suspiros.
Más puro que la tímida esperanza
Que sueña el alma en el amor primero,
Su rayo débil desde Oriente lanza,
Sol de la noche, virginal lucero;
Triste y sereno por el cielo avanza
De la cándida luna mensajero,
Por ella viene, y suspirando ella,
Síguele en pos enamorada y bella.
Cuantos guardáis la tímida inocencia
Que a la esperanza y al amor convida;
Los que en el alma la impalpable esencia
De su primer amor lloráis perdida;
Cuantos con dolorosa indiferencia
Vais apurando el cáliz de la vida;
Todos llegad, y bajo el bosque umbrío
Sentid las noches del ardiente Estío.
Las del tirano amor, desengañadas,
Pálidas y dulcísimas doncellas,
Vosotras que lloráis desconsoladas
Sólo el delito de nacer tan bellas;
Mirad entre las nubes sosegadas
Cómo cruzan el cielo las estrellas;
Que no hay duda, ni afán, ni desconsuelo
Que no se calme contemplando el cielo.
Y tú, tierna a mi voz, blanca hermosura,
Fuente de virginal melancolía,
Más hermosa a mis ojos y más pura
Que el rayo azul con que despunta el día;
Corazón abrasado de ternura,

Espíritu de amor y de armonía,
Ven y derrama en el tranquilo viento
El ámbar delicado de tu aliento.
La dulce vaguedad que me enajena
Aumenta la inquietud de mi deseo;
Tu voz perdida en el ambiente suena;
Donde mis ojos van tu sombra veo;
De amor y afán mi corazón se llena,
Porque en tu amor y en mi esperanza creo;
Y así suspende el sentimiento mío
La tibia noche del ardiente Estío.
Noche serena y misteriosa, en donde
Dormido vaga el pensamiento humano,
Todo a los ecos de tu voz responde,
La mar, el monte, la espesura, el llano;
Acaso Dios entre tu sombra esconde
La impenetrable luz de algún arcano;
Tal vez cubierta de tu inmenso velo
Se confunde la tierra con el cielo.

Ventura Ruiz Aguilera

92. *EPISTOLA*

(A Damián Menéndez Rayén y Francisco Giner de los Ríos)

No arrojará cobarde el limpio acero
mientras oiga el clarín de la pelea,
soldado que su honor conserve entero;
ni del piloto el ánimo flaquea
porque rayos alumbren su camino
y el golfo inmenso alborotarse vea.
¡Siempre luchar!... del hombre es el destino;
y al que impávido lucha, con fe ardiente,
le da la gloria su laurel divino.
Por sosiego suspira eternamente;
pero ¿dónde se oculta, dónde mana
de esta sed inmortal la ansiada fuente?...
En el profundo valle, que se afana
cuando del año la estación florida
lo viste de verdura y luz temprana;

en las cumbres salvajes, donde anida
el águila que pone junto al cielo
su mansión de huracanes combatida,
el límite no encuentra de su anhelo
ni porque esclava suya haga la suerte,
tras íntima inquietud y estéril duelo.
Aquel sólo el varón dichoso y fuerte
será, que viva en paz con su conciencia
hasta el sueño apacible de la muerte.
¿Qué sirve el esplendor, qué la opulencia,
la oscuridad, ni holgada medianía,
si a sufrir el delito nos sentencia?
Choza del campesino, humilde y fría,
alcázar de los reyes, corpulento,
cuya altitud al monte desafía,
bien sé yo que, invisible como el viento,
huésped que el alma hiela, se ha sentado
de vuestro hogar al pie el remordimiento.
¿Qué fue del corso altivo, no domado
hasta asomar de España en las fronteras
cual cometa del cielo desgajado?
El poder que le dieron sus banderas
con asombro y terror de las naciones
¿colmó sus esperanzas lisonjeras?...
Cayó; y entre los bárbaros peñones
de su destierro, en las nocturnas horas
le acosaron fatídicas visiones;
y diéronle tristeza las auroras,
y en el manso murmullo de la brisa
voces oyó gemir acusadoras.
Más conforme recibe y más sumisa
la voluntad de Dios, el alma bella
que abrojos siempre lacerada pisa.
Francisco, así pasar vimos aquella
que te arrulló en sus brazos maternales,
y hoy, vestida de luz, los astros huella:
que al tocar del sepulcro los umbrales,
bañó su dulce faz con dulce rayo
la alborada de goces inmortales.
Y así, Damián, en el risueño mayo
de una vida sin mancha, como arbusto
que el aquilón derriba en el Moncayo,

pasó también tu hermano, y la del justo
severa majestad brilló en su frente,
de un alma religiosa templo augusto.
Huya de las ciudades de que intente
esquivar la batalla de la vida
y en el ocio perderla muellemente:
que a la virtud el riesgo no intimida;
cuando náufragos hay, los ojos cierra
y se lanza a la mar embravecida.
Avaro miserable es el que encierra
la fecunda semilla en el granero,
cuando larga escasez llora la tierra.
Compadecer la desventura quiero
del que, por no mirar la abierta llaga,
de su limosna priva al pordiosero.
Ebrio, y alegre, y victorioso vaga
el vicio por el mundo cortesano:
su canto de sirena ¿a quién no embriaga?
Los que dones reciben de su mano
himnos alzan de júbilo, y de flores
rinden tributo en el altar profano.
En tanto, de la fiesta a los rumores,
criaturas sin fin, herido el seno,
responden con el ¡ay! de sus dolores.
Mas el hombre de espíritu sereno
y de conciencia inquebrantable (roca
donde se estrella, sin mancharla, el cieno)
la horrible sien del ídolo destoca,
y con acento de anatema inflama
tal vez un noble ardor la turba loca.
Jinete de experiencia y limpia fama,
armado va de freno y dura espuela
donde una voz en abandono clama;
de heroica pasión en alas vuela,
y en ella clava el acicate agudo
por acudir al mal que le desvela.
Si un instante de error cegarle pudo,
los engañosos ímpetus reprime,
y es su propia razón freno y escudo.
Sin tregua combatir por el que gime;
defender la justicia y verdad santa,
llena la mente de ideal sublime;
caminar hacia el bien con firme planta,

a la edad consolando que agoniza,
apóstol de otra edad que se adelanta,
es empresa que al vulgo escandaliza;
por loco siempre o necio fue tenido
quien lanzas en su pro rompe en la liza.
Si a tierna compasión alguien movido
vio al generoso hidalgo de Cervantes,
¡cuántos, con risa, viéronle caído!
Acomete a quiméricos gigantes,
de sus delirios prodigiosa hechura,
y es de niños escarnio y de ignorantes.
Mas él, dándoles cuerpo, se figura
limpiar de monstruos la afligida tierra,
y llanto arranca al bueno su locura.
Así debe sufrir, en cruda guerra
(sin vergonzoso pacto ni sosiego)
contra el mal, que a los débiles aterra,
el que abrasado en el celeste fuego
de inagotable caridad, no atiende
sólo de su interés el torpe ruego.
Arbol de seco erial, las ramas tiende
al que rendido llega de fatiga,
y del sol, cariñoso, le defiende.
El sabe que sus frutos no prodiga
heredad que se deja sin cultivo;
sabe que del sudor brota la espiga,
como de agua sonoro raudal vivo,
si del trabajo el útil instrumento
hiende la roca en que durmió cautivo.
¡Oh del bosque anhelado apartamiento,
cuyos olmos son arpas melodiosas
cuando sacude su follaje el viento!
¡Oh fresco valle, donde crecen rosas
de perfumado cáliz, y azucenas,
que liban las abejas codiciosas!
¡Oh soledades de armonías llenas!,
en vano me brindáis ocio y amores,
mientras haya un esclavo entre cadenas.
Que aún pide con sacrílegos rumores
ver libre a Barrabás la muchedumbre
y alzados en la Cruz los redentores.
Que del sombrío Gólgota en la cumbre,

regada con la sangre del Cordero
sublime en humildad y mansedumbre,
mártires, ¡ay!, aún suben al madero
que ha de ser, convertido en árbol santo,
patria y hogar del universo entero.
Padecer es vivir; riego es el llanto
a quien la flor del alma, con su esencia
debe perpetuo y virginal encanto.
Amigos, bendecid la Providencia
si mandare a la vuestra ese rocío,
y nieguen los malvados su clemencia.
¡Qué alegre y qué gentil llega el navío
al puerto salvador, cuando aún azota
con fiera saña el huracán bravío!
Así el justo halla al fin su derrota
por el mar de la vida proceloso,
del claro cielo en la extensión remota
puerto seguro y eternal reposo.

Gaspar Núñez de Arce

93. *ESTROFAS*

I

La generosa musa de Quevedo
desbordóse una vez como un torrente
y exclamó llena de viril denuedo:
No he de callar, por más que con el dedo,
ya tocando los labios, ya la frente,
silencio avises o amenaces miedo.

II

Y al estampar sobre la herida abierta
el hierro de su cólera encendido,
tembló la concusión que siempre alerta,
incansable y voraz, labra su nido,
como gusano ruin en carne muerta,
en todo estado exánime y podrido.

III

Arranque de dolor, de ese profundo
dolor que se concentra en el misterio
y huye amargado del rumor del mundo,
fue su sangrienta sátira, cauterio
que aplicó sollozando al patrio imperio,
mísero, gangrenado y moribundo.

IV

¡Ah!, si hoy pudiera resonar la lira
que con Quevedo descendió a la tumba,
en medio de esta universal mentira,
de este viento de escándalo que zumba,
de este fétido hedor que se respira,
de esta España moral que se derrumba;

V

De la viva y creciente incertidumbre
que en lucha estéril nuestra fuerza agota;
del huracán de sangre que alborota
el mar de la revuelta muchedumbre;
de la insaciable y honda podredumbre
que el rostro y la conciencia nos azota;

VI

De este horror, de este ciego desvarío
que cubre nuestras almas con un velo,
como el sepulcro, impenetrable y frío;
de este insensato pensamiento impío
que destituye a Dios, despuebla el cielo
y precipita el mundo en el vacío;

VII

Si en medio de esta borrascosa orgía
que infunde repugnancia al par que aterra,
esa lira estallará ¿qué sería?
Grito de indignación, canto de guerra,
que en las entrañas mismas de la tierra
la muerta humanidad conmovería.

VIII

Mas ¿por que el gran satírico no alient
ha de haber quien contemple y autorice
tanta degradación, indiferente?
¿No ha de haber un espíritu valiente?
¿Siempre se ha de sentir lo que se dice?
¿Nunca se ha de decir lo que se siente?

IX

¡Cuántos sueños de gloria evaporados
como las leves gotas del rocío
que apenas mojan los sedientos prados!
¡Cuánta ilusión perdida en el vacío,
y cuántos corazones anegados
en la amarga corriente del hastío!

X

No es la revolución raudal de plata
que fertiliza la extendida vega:
es sorda inundación que se desata.
No es viva luz que se difunde grata,
sino confuso resplandor que ciega
y tormentoso vértigo que mata.

XI

Al menos en el siglo desdichado
que aquel ilustre y vigoroso vate
con el rayo marcó de su censura,
podía el corazón atribulado
salir ileso del mortal combate
en alas de la fe radiante y pura.

XII

Y apartando la vista de aquel cieno
social, de aquellos fétidos despojos,
de aquel lúbrico y torpe desenfreno,
fijar llorando los ardientes ojos
en ese cielo azul, limpio y sereno,
de santa paz y de esperanza lleno.

XIII

Pero hoy ¿dónde mirar? Un golpe mismo
hiere al César y a Dios. Sorda carcoma
prepara el misterioso cataclismo,
y como en tiempo de la antigua Roma,
todo cruje, vacila y se desploma
en el cielo, en la tierra, en el abismo.

XIV

Perdida en tanta soledad la calma,
de noche eterna el corazón cubierto,
la gloria muda, desolada el alma,
en este pavoroso desconcierto
se eleva la Razón, como la palma
que crece triste y sola en él desierto.

XV

¡Triste y sola, es verdad! ¿Dónde hay miseria
mayor? ¿Dónde más rudo desconsuelo?
¿De qué le sirve desgarrar el velo
que envuelve y cubre la vivaz materia,
y con profundo, inextinguible anhelo
sondar la tierra, escudriñar el cielo;

XVI

Entregarse a merced del torbellino
y en la duda incesante que la aqueja
el secreto inquirir de su destino,
si a cada paso que adelanta deja
su fe inmortal, como el vellón la oveja,
enredada en las zarzas del camino?

XVII

¿Si a su culpada humillación se adhiere
con la constancia infame del beodo,
que goza en su abyección, y en ella muere?
¿Si ciega, y torpe, y degradada en todo,

desconoce su origen, y prefiere
a descender de Dios, surgir del lodo?

XVIII

¡Libertad, libertad! No eres aquella
virgen, de blanca túnica ceñida,
que vi en mis sueños pudibunda y bella.
No eres, no, la deidad esclarecida
que alumbra con su luz, como una estrella,
los oscuros abismos de la vida.

XIX

No eres la fuente de perenne gloria
que dignifica el corazón humano
y engrandece esta vida transitoria.
No el ángel vengador que con su mano
imprime en las espaldas del tirano
el hierro enrojecido de la historia.

XX

No eres la vaga aparición que sigo
con hondo afán desde mi edad primera,
sin alcanzarla nunca... Mas ¿qué digo?
No eres la libertad, disfraces fuera,
¡licencia desgreñada, vil ramera
del motín, te conozco y te maldigo!

XXI

¡Ah! No es extraño que sin luz ni guía,
los humanos instintos se desborden
con el rugido del volcán que estalla,
y en medio del tumulto y la anarquía,
como corcel indómito el desorden
no respete ni látigo ni valla.

XXII

¿Quién podrá detenerle en su carrera?
¿Quién templar los impulsos de la fiera

y loca multitud enardecida,
que principia a dudar y ya no espera
hallar en otra luminosa esfera,
bálsamo a los dolores de esta vida?

XXIII

Como Cristo en la cúspide del monte.
rotas ya sus mortales ligaduras,
mira doquier con ojos espantados,
por toda la extensión del horizonte
dilatarse a sus pies vastas llanuras,
ricas ciudades, fértiles collados.

XXIV

Y excitando su afán calenturiento
tanta grandeza y tanto poderío,
de la codicia el persuasivo acento
grítale audaz:—¡El cielo está vacío!
¿A quién temer?—Y ronca y sin aliento
la muchedumbre grita:—¡Todo es mío!

XXV

Y en el tumulto su puñal afila,
y la enconada cólera que encierra
enturbia y enardece su pupila,
y ensordeciendo el aire en son de guerra
hace temblar bajo sus pies la tierra,
como las hordas bárbaras de Atila.

XXVI

No esperéis que esa turba alborotada
infunda nueva sangre generosa
en las venas de Europa desmayada;
ni que termine su fatal jornada,
sobre el ara desierta y polvorosa
otro Dios levantando con su espada.

XXVII

No esperéis, no, que la confusa plebe,
como santo depósito en su pecho
nobles instintos y virtudes lleve.
Hallará el mundo a su codicia estrecho,
que es la fuerza, es el número, es el hecho
brutal ¡es la materia que se mueve!

XXVIII

Y buscará la libertad en vano;
que arraiga en los crímenes la idea,
ni entre las olas fructifica el grano.
Su castigo en sus iras centellea
pronto a estallar; que el rayo y el tirano
hermanos son. ¡La tempestad los crea!

94. *TRISTEZAS*

Cuando recuerdo la piedad sincera
con que en mi edad primera
entraba en nuestras viejas catedrales,
donde postrado ante la cruz de hinojos
alzaba a Dios mis ojos
soñando en las venturas celestiales;

Hoy que mi frente atónito golpeo,
y con febril deseo
busco los restos de mi fe perdida,
por hallarla otra vez, radiante y bella
como en la edad aquélla,
¡desgraciado de mí!, diera la vida.

¡Con qué profundo amor, niño inocente,
prosternaba mi frente
en las losas del templo sacrosanto!
Llenábase mi joven fantasía
de luz, de poesía,
de mudo asombro, de terrible espanto.

Aquellas altas bóvedas que al cielo

levantaban mi anhelo;
aquella majestad solemne y grave;
aquel pausado canto, parecido
a un doliente gemido,
que retumbaba en la espaciosa nave:

Las marmóreas y austeras esculturas
de antiguas sepulturas
aspiración del arte a lo infinito;
la luz que por los vidrios de colores
sus tibios resplandores
quebraba en los pilares de granito;

Haces de donde en curva fugitiva,
para formar la ojiva,
cada ramal subiendo se separa,
cual rumor de multitud que ruega,
cuando a los cielos llega,
surge cada oración distinta y clara;

En el gótico altar inmoble y fijo
el santo crucifijo,
que extiende sin vigor sus brazos yertos,
siempre en la sorda lucha de la vida,
tan áspera y reñida,
para el dolor y la humildad abiertos;

El místico clamor de la campana
que sobre el alma humana
de las caladas torres se despeña,
y anuncia y lleva en sus aladas notas
mil promesas ignotas
al triste corazón que sufre o sueña;

Todo elevaba mi ánimo intranquilo
a más sereno asilo:
religión, arte, soledad, misterio...
todo en el templo secular hacía
vibrar el alma mía,
como vibran las cuerdas de un salterio.

Y a esta voz que sólo entiende
quien crédulo se enciende
en fervoroso y celestial cariño,
envuelta en sus flotantes vestiduras
volaba a las alturas,
virgen sin mancha, mi oración de niño.

Su rauda, vida y luminosa huella
como fugaz centella
traspasaba el espacio, y ante el puro
resplandor de sus alas de querube,
rasgábase la nube
que me ocultaba el inmortal seguro.

¡Oh anhelo de esta vida transitoria!
¡Oh perdurable gloria!
¡Oh sed inextinguible del deseo!
¡Oh cielo, que antes para mí tenías
fulgores y armonías,
y hoy tan oscuro y desolado veo!

Ya no templas mis íntimos pesares,
ya al pie de tus altares
como en mis años de candor no acudo.
Para llegar a ti perdí el camino,
y errante peregrino
entre tinieblas desespero y dudo.
Voy espantado sin saber por dónde;
grito, y nadie responde
a mi angustiada voz; alzo los ojos
y a penetrar la lobreguez no alcanzo;
medrosamente avanzo,
y me hieren el alma los abrojos.

Hijo del siglo, en vano me resisto
a su impiedad, ¡oh Cristo!
Su grandeza satánica me oprime.
Siglo de maravillas y de asombros,
levanta sobre escombros
un Dios sin esperanza, un Dios que gime.

¡Y ese Dios no eres tú! No tu serena

faz, de consuelos llena,
alumbra y guía nuestro incierto paso.
Es otro Dios incógnito y sombrío:
su cielo es el vacío,
Sacerdote el error, ley el Acaso.

¡Ah! No recuerda el ánimo suspenso
un siglo más inmenso,
más rebelde a tu voz, más atrevido;
entre nubes de fuego alza su frente,
como Luzbel, potente;
pero también, como Luzbel, caído.

A medida que marcha y que investiga
es mayor su fatiga,
es su noche más honda y más oscura,
y pasma, al ver lo que padece y sabe,
cómo en su seno cabe
tanta grandeza y tanta desventura.
Como la nave sin timón y rota
que el ronco mar azota,
incendia el rayo y la borrasca mece
en piélago ignorado y proceloso,
nuestro siglo—coloso—
con la luz que le abrasa, resplandece.

¡Y está la playa mística tan lejos!...
a los tristes reflejos
del sol poniente se colora y brilla.
El huracán arrecia, el bajel arde,
y es tarde, es, ¡ay!, muy tarde
para alcanzar la sosegada orilla.

¿Qué es la ciencia sin fe? Corcel sin freno,
a todo yugo ajeno,
que al impulso del vértigo se entrega,
y a través de intrincadas espesuras,
desbocado y a oscuras
avanza sin cesar y nunca llega.

¡Llegar! ¿Adónde?... El pensamiento humano
en vano lucha, en vano

su ley oculta y misteriosa infringe.
En la lumbre del sol sus alas quema,
y no aclara el problema,
ni penetra el enigma de la Esfinge.

¡Sálvanos, Cristo, sálvanos, si es cierto
que tu poder no ha muerto!
Salva a esta sociedad desventurada,
que bajo el peso de su orgullo mismo
rueda al profundo abismo
acaso más enferma que culpada.

La ciencia audaz, cuando de ti se aleja,
en nuestras almas deja
el germen de recónditos dolores,
como al tender el vuelo hacia la latura,
deja su larva impura
el insecto en el cáliz de las flores

Si en esta confusión honda y sombría
es, Señor, todavía
raudal de vida tu palabra santa,
di a nuestra fe desalentada y yerta:
—¡Anímate y despierta!
Como dijiste a Lázaro:—¡Levanta!

Gustavo A. Bécquer

95. *RIMAS*

Del salón en el ángulo oscuro,
De su dueño tal vez olvidada,
Silenciosa y cubierta de polvo
Veíase el arpa.

¡Cuánta nota dormía en sus cuerdas,
Como el pájaro duerme en la rama,
Esperando la mano de nieve
Que sabe arrancarla!

¡Ay!, pensé: ¡Cuántas veces el genio
Así duerme en el fondo del alma,

Y una voz, como Lázaro, espera
Que le diga: «¡Levántate y anda!»

96. CERRARON SUS OJOS...

Cerraron sus ojos
Que aun tenía abiertos;
Taparon su cara
Con un blanco lienzo;
Y unos sollozando,
Otros en silencio,
De la triste alcoba
Todos se salieron.

La luz, que en un vaso
Ardía en el suelo,
Al muro arrojaba
La sombra del lecho;
Y entre aquella sombra
Veíase a intérvalos
Dibujarse rígida
La forma del cuerpo.

Despertaba el día
Y a su albor primero
Con sus mil rüidos
Despertaba el pueblo.
Ante aquel contraste
De vida y misterios,
De luz y tinieblas,
Medité un momento:
«¡Dios mío, qué solos
Se quedan los muertos!»

De la casa en hombros
Lleváronla al templo
Y en una capilla
Dejaron el féretro.
Allí rodearon
Sus pálidos restos
De amarillas velas
Y de paños negros.

Al dar de las ánimas
El toque postrero,
Acabó una vieja
Sus últimos rezos;
Cruzó la ancha nave,
Las puertas gimieron,
Y el santo recinto
Quedóse desierto.

De un reloj se oía
Compasado el péndulo,
Y de algunos cirios
El chisporroteo.
Tan medroso y triste,
Tan oscuro y yerto
Todo se encontraba...
Que pensé un momento:
«¡Dios mío, qué solos
Se quedan los muertos!»

De la alta campana
La lengua de hierro,
Le dio, volteando,
Su adiós lastimero.
El luto en las ropas,
Amigos y deudos
Cruzaron en fila,
Formando el cortejo.

Del último asilo,
Oscuro y estrecho,
Abrió la piqueta
El nicho a un extremo.
Allí la acostaron,
Tapiáronlo luego,
Y con un saludo
Despidióse el duelo.

La piqueta al hombro,
El sepulturero
Cantando entre dientes
Se perdió a lo lejos.
La noche se entraba,

Reinaba el silencio;
Perdido en las sombras,
Medité un momento:
«¡Dios mío, qué solos
Se quedan los muertos!»

En las largas noches
del helado invierno,
Cuando las maderas
Crujir hace el viento
Y azota los vidrios
El fuerte aguacero,
De la pobre niña
A solas me acuerdo.

Allí cae la lluvia
Con un son eterno;
Allí la combate
El soplo del cierzo
Del húmedo muro
Tendida en el hueco,
¡Acaso de frío
Se hielan sus huesos!...
....

¿Vuelve el polvo al polvo?
¿Vuela el alma al cielo?
¿Todo es vil materia,
Podredumbre y cieno?
¡No sé; pero hay algo
Que explicar no puedo
Que al par nos infunde
Repugnancia y duelo,
Al dejar tan tristes,
Tan solos los muertos!

Vicente W. Querol

97. *CARTA*

al Sr. Pedro A. de Alarcón, acerca de la Poesía

Amigo, cedo al fin. Los que dispersos
Entregué al aire vano
En mi edad juvenil fútiles versos,
Hoy con piadosa mano
Recojo y cierro en el modesto libro,
Que al triste olvido de la edad entrego,
O al duro fallo de los tiempos libro.
Lo engendré en la nocturna
Fiebre de mis pasiones primerizas,
Y hoy guardo en él, como en sagrada urna,
Del corazón las cálidas cenizas.
En él están mis infantiles sueños,
El laurel disputado en arduas lizas,
De la osada ambición locos empeños,
La fe jurada, la esperanza muerta,
La aspiración incierta
Los horizontes del amor risueños:
Cuanto amé y esperé. Huecas y frías
En el oído extraño,
Ajeno a mi placer, sordo a mi daño,
Sonarán siempre las canciones mías;
Pero, al volver sus páginas, yo encuentro
Mi gozo entre ellas o mi antigua angustia,
Cual suele hallarse dentro
De un olvidado libro una flor mustia.

*

Yo cobarde no oculto
Mi fe en ti, desdeñada Poesía,
Ni el ciego amor y el fervoroso culto
Con que en tus aras me postré algún día:
No reniego de ti cuando la mofa,
Cuando el villano insulto
Responden sólo a tu vibrante estrofa:
No aparto de mi labio

De tu cáliz de hiel las negras heces,
Ni te abandono al miserable agravio,
O a las burlas soeces
Del vulgo, indigno de tu noble estro;
Y cuando ante el siniestro
Tribunal vas de tus inicuos jueces,
Yo, discípulo tuyo, por tres veces
No negaré al Maestro.

*

¡Santa palabra de Jehová!
Con ella
Moisés cantó el enojo
Con que borró de Faraón la huella
En sus líquidos antros el Mar-Rojo:
Con ella sobre Nínive, sujeta
Al yugo del pecado, y sobre Tiro,
Y en la ancha plaza de Sidón inquieta,
Quejumbroso suspiro
O eterna maldición lanzó el Profeta:
Con ella junto al cauce
Del extranjero río, su salterio
Colgando al tronco del umbroso sauce,
Lloró Judá su amargo cautiverio:
Con ella dijo su doliente cuita
Job a la inmunda fiera del desierto;
Y con ella la hermosa Sulamita
Cantó al amor en su cercado huerto.

*

¡Numen severo de la historia!
Vive
Todo lo que el poeta
Con sabio ritmo sonoroso escribe;
¡Muerte lo que desdeña! Allá, en la vaga
Muda extensión del páramo infinito,
La soberbia pirámide naufraga:
La esfinge de granito
Se hunde en la arena movediza; el verde

Musgo los templos de Atica sepulta;
La corva reja del arado muerde
Las feraces colinas
Donde su oprobio Babilonia oculta:
El rebaño del árabe se pierde
Entre las vastas ruinas
Que cubren tus llanuras, oh Cartago;
Mientras que en las vecinas
Costas de Italia, con el propio estrago,
Tu egregia vencedora,
La Reina de las águilas latinas,
Sola, entre tumbas profanadas llora.

*

Envuelta en el sudario
De un vergonzoso olvido,
Fuera la Tierra el miserable osario
De las humanas razas, si el gemido
O el cántico de gloria
De los antiguos vates,
Eco veraz de la solemne historia,
No nos trajera en clamoroso ruido
Sus fragorosas ruinas y combates,
Ayes de muerte y gritos de victoria.
De un siglo al otro siglo el viento lleva
En las vibrantes cuerdas de la lira,
La predicción de la esperanza nueva
O el triste llanto de la edad que expira,
Y como en la callada
Soledad de las noches de astro en astro
Vuela el pálido rastro
De la luz increada,
Así el vate en la oscura
Noche del tiempo que el pasado esconde,
Habla a los bardos de la edad futura,
Y Ossián los cantos de Ilión murmura
Y Dante al salmo de David responde.

*

¡Hija de la Belleza!
A la alborada

De blanca luz ceñida,
A la aurora de púrpura bañada,
Y en la tarde apagada
De húmeda niebla y de vapor vestida,
Son sus joyas las perlas del rocío,
Las flores son sus galas,
Su claro espejo el transparente río,
Los céfiros sus alas.
Las rojas nubes sus movibles tiendas,
Su blanda cuna las inciertas olas,
Y el ancho espacio las etéreas sendas
Por donde marcha a solas.
Gime en la selva que estremece el viento,
Triste en la frente solitaria llora,
Canta del ave en el alegre acento,
Ríe en la luz de la naciente aurora;
Y cuando cruza con callado vuelo
La tierra, el mar o el cielo,
Todo un ritmo sonoro
Vibra al compás del cadencioso metro,
Y en luminoso coro
Van las estrellas de oro
Rodando en torno a su extendido cetro.

*

¡Hija del sentimiento!
En la indecisa
Vaguedad del espíritu: en la calma
De la conciencia justa:
Del débil niño en la infantil sonrisa;
En los deliquios lánguidos del alma;
Del corazón en la soberbia augusta:
En la ira noble, en el amor materno,
En la ansia no cumplida,
En los hastíos de la humana vida
Y en el místico amor de un bien eterno:
En el lóbrego abismo,
Cárcel que la pasión fiera quebranta,
En el grito febril del heroísmo,
Y en la oculta virtud, callada y santa,
Como en el crimen mismo,
Ella, la Poesía,

Surge y cruza sombría,
Y el puñal blande o la oración murmura:
Ciñe a la virgen los nupciales velos:
Solloza en la olvidada sepultura,
Y, en los humanos duelos,
Con la tendida diestra
A toda angustia inconsolable muestra
La eterna luz de los abiertos cielos.

*

Tal, en la edad confusa
En que a la vida el corazón despierta,
Yo, la soñada Musa
Vi en el umbral de la cerrada puerta,
Que mi ambición ilusa
Juzgó a la gloria y la esperanza abierta.
No entré... pero en mi oído
Sonó el grande ruido
De los santos acordes celestiales;
Y aun hoy, en este olvido
Y en esta amiga sombra,
Donde es la paz un díctamo a mis males,
Entre el silencio escucho, y aún me asombra,
El rumor de los himnos inmortales.

*

Tú, que has unido a ellos,
Oh dulce amigo, tu canción sonora,
Y alumbraste con vívidos destellos
Esta noche del alma abrumadora:
Brioso corazón que en las bastardas
Horas sin fe que nos legó el destino,
Inmaculado aun guardas
De una alta estirpe el resplandor divino,
Abre el libro y no temas,
Al revolver las hojas
De mis pobres poemas,
Que ose en ellos cantar glorias supremas
Ni supremas congojas.

El débil numen que mi verso inspira
Nunca osó ambicionar más noble palma
Que traducir fielmente con la lira
La efusión de mi alma.

98. *EN NOCHEBUENA*

A mis ancianos padres

I

Un año más en el hogar paterno
Celebramos la fiesta del Dios-niño,
Símbolo augusto del amor eterno,
Cuando cubre los montes el invierno
Con su manto de armiño.

II

Como en el día de la fausta boda
O en el que el santo de los padres llega,
La turba alegre de los niños juega,
Y en la ancha sala la familia toda
De noche se congrega.

III

La roja lumbre de los troncos brilla
Del pequeño dormido en la mejilla,
Que con tímido afán su madre besa;
Y se refleja alegre en la vajilla
De la dispuesta mesa.

IV

A su sobrino, que lo escucha atento,
Mi hermana dice el pavoroso cuento,
Y mi otra hermana la canción modula
Que, o bien surge vibrante, o bien ondula
Prolongada en el viento.

V

Mi madre tiende las rugosas manos
Al nieto que huye por la blanda alfombra;
Hablan de pie mi padre y mis hermanos,
Mientras yo, recatándome en la sombra,
Pienso en hondos arcanos.

VI

Pienso que de los días de ventura
Las horas van apresurando el paso,
Y que empaña el oriente niebla oscura,
Cuando aún el rayo trémulo fulgura
Ultimo del ocaso.

VII

¡Padres míos, mi amor! ¡Cómo envenena
Las breves dichas el temor del daño!
Hoy presidís nuestra modesta cena,
Pero en el porvenir. . .yo sé que un año
Vendrá sin Nochebuena.

VIII

Vendrá, y las que hoy son risas y alborozo
Serán muda aflicción y hondo sollozo.
No cantará mi hermana, y mi sobrina
No escuchará la historia peregrina
Que le da miedo y gozo.

IX

No dará nuestro hogar rojos destellos
Sobre el limpio cristal de la vajilla,
Y, si alguien osa hablar, será de aquellos
Que hoy honran nuestra fiesta tan sencilla
Con sus blancos cabellos.

X

Blancos cabellos cuya amada hebra
Es cual corona de laurel de plata,

Mejor que esas coronas que celebra
La vil lisonja, la ignorancia acata,
Y el infortunio quiebra.

XI

¡Padres míos, mi amor! Cuando contemplo
La sublime bondad de vuestro rostro,
Mi alma a los trances de la vida templo,
Y ante esa imagen para orar me postro,
Cual me postro en el templo.

XII

Cada arruga que surca ese semblante
Es del trabajo la profunda huella,
O fue un dolor de vuestro pecho amante.
La historia fiel de una época distante
Puedo leer yo en ella.

XIII

La historia de los tiempos sin ventura
En que luchasteis con la adversa suerte,
Y en que, tras negras horas de amargura,
Mi madre se sintió más noble y pura,
Y mi padre más fuerte.

XIV

Cuando la noche toda en la cansada
Labor tuvisteis vuestros ojos fijos,
Y, al venceros el sueño a la alborada,
Fuerzas os dio posar vuestra mirada
En los dormidos hijos.

XV

Las lágrimas correr una tras una
Con noble orgullo por mi faz yo siento,
Pensando que hayan sido por fortuna,
Esas honradas manos mi sustento
Y esos brazos mi cuna.

XVI

¡Padres míos, mi amor! Mi alma quisiera
Pagaros hoy la que en mi edad primera
Sufristeis sin gemir, lenta agonía,
Y que cada dolor de entonces fuera
Germen de una alegría.

XVII

Entonces vuestro mal curaba el gozo
De ver al hijo convertirse en mozo
Mientras que al verme yo en vuestra presencia
Siento mi dicha ahogada en el sollozo
De una temida ausencia.

XVIII

Si el vigor juvenil volver de nuevo
Pudiese a vuestra edad, ¿por qué estas penas?
Yo os daría mi sangre de mancebo,
Tornando así con ella a vuestras venas
Esta vida que os debo.

XIX

Que de tal modo la aflicción me embarga
Pensando en la posible despedida,
Que imagino ha de ser tarea amarga
Llevar la vida, como inútil carga,
Después de vuestra vida.

XX

Ese plazo fatal, sordo, inflexible,
Miro acercarse con profundo espanto,
Y en dudas grita el corazón sensible:
«Si aplacar al destino es imposible,
¿Para qué amarnos tanto?»

XXI

Para estar juntos en la vida eterna
Cuando acabe esta vida transitoria:

Si Dios, que el curso universal gobierna,
Nos devuelve en el cielo esta unión tierna,
Yo no aspiro a más gloria.

XXII

Pero en tanto, buen Dios, mi mejor palma
Será que prolonguéis la dulce calma
Que hoy nuestro hogar en su recinto encierra:
Para marchar yo solo por la tierra
No hay fuerzas en mi alma.

Federico Balart

99. *RESTITUCION*

Estas pobres canciones que te consagro,
En mi mente han nacido por un milagro.
Desnudas de las galas que presta el arte,
Mi voluntad en ellas no tiene parte:
Yo no sé resistirlas ni suscitarlas;
Yo ni aun sé comprenderlas al formularlas;
Y es en mí su lamento, sentido y grave,
Natural como el trino que lanza el ave.
Santas inspiraciones que tú me envías,
Puedo decir, esposa, que no son mías:
Pensamiento y palabra de ti recibo;
Tú en silencio las dictas; yo las escribo.

*

Desde que abandonaste nuestra morada,
De la mortal escoria purificada,
Transformado está el fondo del alma mía,
Y voces oigo en ella que antes no oía.
Todo cuanto, en la tierra y el mar y el viento,
Tiene matiz, aroma forma o acento,
De mi ánimo abatido turba la calma
Y en canción se convierte dentro del alma.
Y es que, en estas tinieblas donde me pierdo,
Todo está confundido con tu recuerdo:

¡Sin él, todo es silencio, sombra y vacío
En la tierra y el viento y el mar bravío!

*

Revueltos peñascales, áspera breña
Donde salta el torrente de peña en peña;
Corrientes bullidoras del claro río;
Religiosos murmullos del bosque umbrío;
Tórtola que en sus frondas unes tus quejas
Al calmante zumbido de las abejas;
Aguila que levantas el corvo vuelo
Por el azul espacio que cubre el cielo;
Golondrina que emigras cuando el Octubre,
Con sus pálidas hojas el suelo cubre,
Y al amor de tu nido tornas ligera
Cuando esparce sus flores la primavera;
Aura mansa que llevas, en vuelo tardo,
Efluvios de azucena, jazmín y nardo;
Brisas que en el desierto sois mensajeras
De los tiernos amores de las palmeras
(¡De las pobres palmeras que, separadas,
Se miran silenciosas y enamoradas!);
Pardas nieblas del valle, nieves del monte,
Cambiantes y vislumbres del horizonte;
Tempestad que bramando con ronco acento
Tus cabellos de lluvia tiendes al viento;
Solitaria ensenada, restinga ignota
Donde oculta su nido la gaviota;
Olas embravecidas que pone a raya
Con sus rubias arenas la corva playa;
Grutas donde repiten con sordo acento
Sus querellas y halagos la mar y el viento;
Velas desconocidas que en lontananza
Pasáis como los sueños de la esperanza;
Nebuloso horizonte, tras cuyo velo
Sus límites confunden la mar y el cielo;
Rayo de sol poniente que te abres paso
Por los rotos celajes del triste ocaso;
Melancólico rayo de blanca luna
Reflejado en la cresta de escueta duna;
Negra noche que dejas de monte a monte

Granizado de estrellas el horizonte;
Lamento misterioso de la campana
Que en la nocturna sombra suena lejana,
Pidiendo por ciudades y por desiertos
La oración de los vivos para los muertos;
Plegaria que te elevas entre la nube
Del incienso que en ondas al cielo sube
Cuando al Señor dirigen himnos fervientes
Santos anacoretas y penitentes:
Catedrales ruinosas, mudas y muertas,
Cuyas góticas naves hallo desiertas,
Cuyas leves agujas, al cielo alzadas,
Parecen oraciones petrificadas;
Torres donde, por cima de la veleta
Que a merced de los vientos se agita inquieta,
Señalando regiones que nadie ha visto
Tiende inmóvil sus brazos la fe de Cristo:
Luces, sombras, murmullos, flores, espumas,
Transparentes neblinas, espesas brumas,
Valles, montes, abismos, tormentas, mares,
Auras, brisas, aromas, nidos y altares,
Vosotros en el fondo del alma mía
Despertáis siempre un eco de poesía:
Y es que siempre a vosotros encuentro unido
El recuerdo doliente del bien perdido.
Sin él, ¿qué es la grandeza, qué es el tesoro
De la tierra y el viento y el mar sonoro?

*

Ya lo ves: las canciones que te consagro,
En mi mente han nacido por un milagro.
Nada en ellas es mío, todo es don tuyo:
Pero eso a ti, de hinojos, las restituyo.
¡Pobres hojas caídas de la arboleda,
Sin su verdor el alma desnuda queda!

Pero no, que aun te deben mis desventuras
Otras más delicadas, otras más puras:
Canciones que, por miedo de profanarlas,
En el alma conservo sin pronunciarlas;

Recuerdos de las horas que, embelesado,
En nuestro pobre albergue pasé a tu lado,
Cuando al alma y al cuerpo daban pujanza
Juventud y cariño, fe y esperanza;
Cuando, lejos del mundo parlero y vano,
Ibamos por la vida mano con mano;
Cuando, húmedos los ojos, juntas las palmas,
En una se fundían nuestras dos almas:
Canciones silenciosas que el alma hieren;
Canciones que en mí nacen y que en mí mueren;
¡Hechizadas canciones, con cuyo encanto
A mis áridos ojos se agolpa el llanto!

*

Y aun a veces aplacan mis amarguras
Otras más misteriosas, otras más puras:
Canciones sin palabra, sin pensamiento,
Vagas emanaciones del sentimiento;
Silencioso gemido de amor y pena
Que, en el fondo del pecho, callado suena;
Aspiración confusa que, en vivo anhelo,
Ya es canción, ya plegaria que sube al cielo;
Inquietudes del alma, de amor herida;
Vagos presentimientos de la otra vida;
Extasis de la mente que a Dios se lanza;
Luminosos destellos de la esperanza;
Voces que me aseguran que podré verte
Cuando al mundo mis ojos cierre la muerte:
¡Canciones que, por santas, no tienen nombres!
En la lengua grosera que hablan los hombres!
Esas son las que endulzan mi amargo duelo;
Esas son las que el alma llaman al cielo;
Esas de mi esperanza fijan el polo,
¡Y ésas son las que guardo para mí solo!

Manuel del Palacio

100. *AMOR OCULTO*

Ya de mi amor la confección sincera
Oyeron tus calladas celosías,

Y fue testigo de las ansias mías
La luna, de los tristes compañera.
Tu nombre dice el ave placentera
A quien visito yo todos los días,
Y alegran mis soñadas alegrías
El valle, el monte, la comarca entera.
Sólo tú mi secreto no conoces,
Por más que el alma con latido ardiente,
Sin yo quererlo, te lo diga a voces;
Y acaso has de ignorarlo eternamente,
Como las ondas de la mar veloces
La ofrenda ignoran que les da la fuente.

—oOo—

INDICE

Esta edición consta de 3,000 ejemplares que se imprimieron en el mes de diciembre de 1980, en los Talleres de Offset Alfaro Hnos., S. A., calle Sahuayo No. 9 México 2, Distrito Federal.